1週間まとめて作りおき

かんたん！
フリージング離乳食

太田百合子 監修
上島亜紀 料理

ナツメ社

がんばりすぎなくてOK!

レンチン・フープロで フリージング離乳食を 始めませんか?

　離乳食はなぜ必要なのでしょうか。それは、栄養補給であり、噛む力や味覚を育てること、食習慣の基礎を作ることなどから食べる楽しさを伝えていくためです。

　離乳食を上手に進めるには、赤ちゃんの発達の目安を参考にしながら目の前にいる赤ちゃんの様子に合わせてステップアップしていきます。

　これらを全部考えながら作るのは大変そうですね。しかし、便利な調理器具を使いこなせば案外簡単にできるかもしれません。この本ではフードプロセッサー、電子レンジなどを利用して、できるときにまとめて作り、フリージングしておくことで食べさせたいときに簡単にできる方法を提案しています。さらに大人の料理から取り分けができて親子で楽しめる料理を紹介しています。取り分けるタイミングさえわかればいろいろと応用できそうです。でも、手作りに疲れたときは無理せずに市販のベビーフードを利用しても大丈夫。子どもの前では笑顔でいることが大切ですから、正しい手抜き術を身につけてください。

太田百合子

1週間ごとの
フリージング食材と献立カレンダーで
離乳食作りが驚くほどラクになる!

\\ 初期 //
5〜6カ月は
1〜5週分

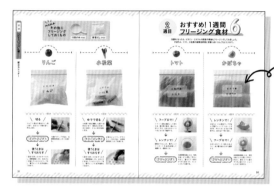

その週に

フリージングする

食材と

HOW TOを紹介

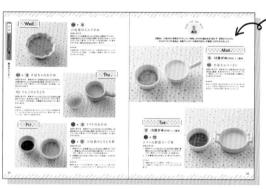

月〜金までの

平日の献立を紹介。

その通り作るだけ

だからラク!

土日は残った

フリージング食材を

組み合わせて

アレンジしても!

\\ 中期 //
7カ月以降
の離乳食は
2週分を紹介!

本書で紹介している献立だけでなく、さまざまな食材をとり入れることも大切なポイント。この本で紹介する2週分以外にも、おすすめのフリージング食材を紹介していますので、次の2週分では組み合わせを変えてみるのもおすすめです。フリージング離乳食バリエレシピを活用してみましょう。

フリージング離乳食って本当にラクなの?

初めての育児で戸惑う新米ママこそ、フリージング離乳食を活用してみてほしい!
でも、本当にラクなの…? そんな不安な悩みにお答えします!

2

とにかく
しんどい…

少量なのに、
毎日毎日
作り続けるのが

1

こんにちは!
新米ママのフリ子です。

最近悩みが
あるんだけど…。

4

断然
ラク
なのよ!!

そそ
そうなんだ…

3

ママ友から
フリージングがいいって
聞いたけど、

本当に
ラク
なるのかなぁ?

5 週末に買い出しして、2時間ぐらい仕込みすればOKなの！

1〜2 hours

6 レンチン、フープロしたら、製氷皿に入れて冷凍するだけ！

START☆

GOAL!!

7 赤ちゃんがぐずったらできるかなぁ〜

仕込みの時間はパパに散歩に行ってもらえばいいのよ！

8 平日はフリージング食材を組み合わせて、レンチンするだけですぐできるからラクよ〜！

完成！

ラク

9 よし！早速、今週末からやってみる〜！！

赤ちゃんが機嫌が悪くてもすぐ対応できるし、お出かけするときも、パパに頼める！

実際にチャレンジ!

1週間 フリージング離乳食

早速、この本を上手に活用しながら、1週間のフリージング離乳食にチャレンジ!
具体的な買い物のコツから、食材の仕込み方、フリージング法などを一通り解説します。

中期

7〜8カ月頃の献立カレンダー

おすすめ1週間 フリージング食材Part2(P62-68)

を例にやってみよう!

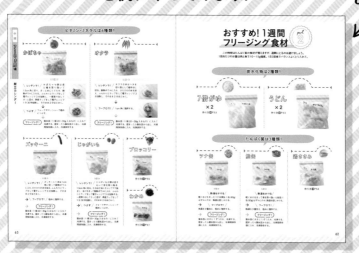

ごはん以外の食材を
買い物リストに
書き出そう!

1 まずは買う材料を チェック!

本書では、初期〜完了期の献立カレンダーとして、フリージング食材と月曜日〜金曜日の献立を紹介しています。まずは、自分の子どもにあった月齢の1週間のフリージング食材のページを見ながら、炭水化物、たんぱく質、ビタミン・ミネラルの食材の買い物リストを作りましょう。ごはん以外は改めて買い出しするのがベストです。

書き出した食材の買い物に出かけましょう。初期〜完了期によってさまざまな食材を使って離乳食を作りますが、大事なのは食材の選び方。フリージングする食材は、新鮮なものを選び、なるべくその日のうちに調理すること。再冷凍は品質が落ちるので、魚や肉を買うときは「解凍」と書かれているものはその日のうちに使いましょう。

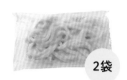

2袋

うどん

すぐに使用するなら、市販のゆでうどんを選ぶのがおすすめ。

5本

オクラ

濃く鮮やかな緑色で大きすぎないものを選んで。

1/8個

かぼちゃ

1/4カットの大きさのものを選んで。残りは大人のおかずに。

1本

ズッキーニ

へたの切り口がみずみずしく、皮の表面に光沢のあるものを。

1/2株

ブロッコリー

蕾がキュッと締まり、茎の底に穴が空いていないものが良質。

2個

じゃがいも

緑がかったものは有毒物質が含まれているので、避けること。

20g

塩蔵わかめ

生より、塩蔵わかめの方が保存生が高い。塩抜きを忘れずに。

2本

鶏ささみ

薄ピンク色で、表面にツヤがあり、ドリップが少ないものを。

1缶

ツナ缶

油漬けではなく、水煮タイプを。食塩不使用のものがベター。

1缶

鮭缶

味つけ缶、油漬けは NG。水煮缶で、塩分の少ないものを。

150g

ごはん

基本は白米を選んで。玄米はパサパサするので2〜3歳頃に。

---

memo
離乳食の食材の選び方と衛生のこと

赤ちゃんは大人のように噛むことができなかったり、消化器官が未熟だったりするため、食材の選び方には注意が必要です。乳児ボツリヌス症予防のために、はちみつは1歳までは NG。消化不良を起こしやすいものや誤嚥や窒息の原因になりやすいものも避けましょう。また、食物アレルギーを起こしやすいといわれる食材を初めて与えるときは、2種類以上一緒にあげないように注意します。そして、要注意なのが食中毒。調理器具や手を清潔にし、食材は鮮度のよいものを選ぶこと。フリージングするときはP24のポイントを守りましょう。

3 | 調理してみよう!

食材を買い出ししたら、早速、調理してみましょう。うどん、鶏ささみ、オクラを例に、下ごしらえ→レンチン→フープロ→フリージングという流れをつかんで。

3つの食材を例に仕込み方をチェック!

─── \ レンチン / ← \ 下ごしらえ /

ふんわりとラップをして、電子レンジで8分〜10分加熱します。

耐熱ボウルにうどんと水を入れ、キッチンばさみでうどんをザクザクと切ります。

うどん
の場合

ひたひたの水を加え、ふんわりとラップをして、電子レンジで2分〜2分30秒加熱します。

鶏ささみは筋を取り除き、1.5cm幅に切ります。

鶏ささみ
の場合

ひたひたの水を加え、ふんわりとラップをして、電子レンジで3分加熱し、そのまま2分ほどおきます。

ヘタを切り落とし、縦半分に切り、3等分にします。

オクラ
の場合

8

memo
製氷皿のこと

離乳食をフリージングするとき、冷凍用保存袋に入れて平らにして冷凍する方法もありますが、たとえば、1食分の分量が多くなりはじめる中期／7〜8カ月以降は、製氷皿や小さめの小分け冷凍トレーなどがおすすめ。電子はかりに製氷皿など をのせて分量をはかりながら小分けします。分量に対して大きすぎる容器は乾燥して劣化する可能性があるので、月齢や赤ちゃんの食べる量に合わせて、30ml、60ml、100mlなどの適した容量の容器を選ぶようにしましょう。

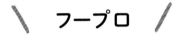

← 製氷皿に入れて冷凍 ← ＼ フープロ ／ ←

電子はかりに製氷皿をおき、1個25gになるようにはかりながらうどんを入れ、冷凍します。

粗熱をとり、ゆで汁ごとフードプロセッサーに入れ、粗めに攪拌します。

電子はかりに製氷皿をおき、1個15gになるようにはかりながら鶏ささみを入れ、冷凍します。

アクを取り除いてフードプロセッサーに入れ、ゆで汁を少量ずつ加えながら、粗めに攪拌します。

電子はかりに製氷皿をおき、1個20gになるようにはかりながらオクラを入れ、冷凍します。

粗熱をとり、フードプロセッサーに入れ、粗めに攪拌します。

他の食材も同様にフリージング！

7倍がゆ
→P53

かぼちゃ
→P63

ズッキーニ
→P63

ブロッコリー
→P55

じゃがいも
→P63

わかめ
→P61

ツナ缶
→P62

鮭缶
→P62

冷やし固めたら保存袋へ

\ 完成！ /

冷凍して固まったら、製氷皿から出して、冷凍保存袋に入れて冷凍保存します。

うどんフリージング

鶏ささみフリージング

オクラフリージング

保存期間は1週間を目安に！

余った場合は、そのままスープやポタージュにしたり、スムージーにするなど、大人用の食事に利用するのもおすすめ。

製氷皿をひねって外したら、なるべく手で触らないように、直接、冷凍用保存袋に製氷皿ごと入れて取り出すのがポイント！

あとは、フリージング食材を組み合わせてレンチンするだけ！

Goal！ 器に盛りつけて完成！

使うのはこれだけ！

うどん
フリージング

鶏ささみ
フリージング

オクラ
フリージング

を使って離乳食作りにチャレンジ！

本当に
あっという間で
カンタン！

Start！

スプーンでぐるぐる混ぜながら、
冷まして…

凍ったままのフリージング食材を
耐熱ボウルに入れて…

ふんわりラップをして、
レンチン2分〜2分30秒！

水大さじ1を加えて…

Contents 目次

13

この本の使い方

● 「授乳・離乳の支援ガイド」を目安に、素材フリージングは作りやすい分量、離乳食は1人分を基本としています。赤ちゃんの食べる量は個人差があるので、お子さんに合ったペースで進めましょう。
● この本は食物アレルギーのないお子さんを対象にしています。食物アレルギーがあるお子さんや、食物アレルギーのリスクがあるお子さんは医師の指導に従いましょう。
● 計量単位は1カップ200ml、大さじ1=15ml、小さじ1＝5ml、米1合＝180mlとしています。
● 電子レンジは600Wを基本としています。500Wの場合は加熱時間を1.2倍にしてください。
● ベビーフードは「BF」と記載しています。
● 水溶き片栗粉で片栗粉と水の割合の記載がないものは片栗粉と水を1対2で混ぜたものを使いましょう。
● とろみづけは、片栗粉または、とろみのもと（BF／粉末）のどちらを使っても作れます。とろみのもと1本＝片栗粉小さじ½を目安にしましょう。
● 「湯冷まし」は沸騰させた湯を冷ましたものです。ミネラルウォーターは使わずに水道水を使いましょう。
● 「フープロ」はフードプロセッサーにかけること、「レンチン」は電子レンジ加熱することを示しています。
● 湯で溶いた粉ミルクを使うときは、パッケージの表示通りの分量の湯で溶きましょう。

1

栄養バランスは
どうしたらいい?

赤ちゃんの
ごはんのかたさは
どれくらい?

離乳食のきほん

離乳食っていったいどんなもの? 赤ちゃんは何が食べられるのかな?
わからないことだらけでも大丈夫!
時期ごとの進め方や、栄養のこと、
おぼえておくと便利なだしのとり方などを紹介します。

赤ちゃんが
食べたら
ダメなものは?

赤ちゃんに
食べさせる量の
目安は?

離乳食の 進め方 と かたさ の目安

離乳食は赤ちゃんの舌の動き、歯の本数、消化機能の発達に合わせて、4つの時期に分けられます。
それぞれの赤ちゃんの様子と、かたさ&大きさを見ていきましょう。

	\\ 中期 // **7〜8ヵ月 頃**	\\ 初期 // **5〜6ヵ月 頃**
赤ちゃんの食べる様子	**唇を閉じて、モグモグするようになります** 舌を上下に動かせるようになり、上あごに食べ物を押しあててつぶせるようになります。	**ゴックンと飲み込むことが上手になります** 支えるとお座りができるようになります。舌を前後に動かして、食べ物を奥に移動させて飲み込むことができるようになります。
食べさせ方	**1日2回同じ時間帯に食べる習慣を** なるべく同じ時間帯に離乳食を食べさせる習慣を。いろいろな食材をとり入れ、様々な味や舌ざわりを経験させることで食べる楽しみが身につきます。	**赤ちゃんの様子を見ながら1さじから** 大人が食べている様子をじっと見たり、食べたそうにしていたりしたら、離乳食スタート。様子を見ながら1さじずつがきほんです。
かたさ	 **豆腐ぐらいの舌でつぶせるかたさ**	 **なめらかにすりつぶしたポタージュ状**

	1日の回数	
離乳食	2回	1回→(慣れてきたら) 2回
母乳・育児用ミルク	母乳は欲しがるとき ミルクは5回	母乳は欲しがるとき ミルクは5〜6回

1回あたりの目安量

	中期（7〜8ヵ月頃）	初期（5〜6ヵ月頃）
I 穀類	7倍がゆ50g〜80g	10倍がゆのすりつぶしから始める。 すりつぶした野菜なども試してみる。 慣れてきたら、つぶした豆腐・白身魚・卵黄などを試してみる。
II 野菜・果物	20〜30g	
III 魚	10〜15g	
または肉	10〜15g	
または豆腐	30〜40g	
または卵	卵黄1個〜全卵⅓個	
または乳製品	50〜70g	

離乳食のきほん❶

離乳食の進め方とかたさの目安

進め方の ポイント

発達のスピードはそれぞれ。ゆったりとした気持ちで進めましょう

赤ちゃんの発達と離乳食は、下の表のようにステップアップしますが、あくまでも目安です。体の発育・発達と同様に、離乳食の進め方も個人差があります。表の通りに進まなくても焦らず、ゆったりとした気持ちで進めましょう。

＼＼ 完了期 ／／	＼＼ 後期 ／／
1才～1才半頃	**9～11ヵ月頃**

手づかみでパクパク食べるようになります

自分で食べたい気持ちから「手づかみ食べ」が盛んになります。舌を動かすのがスムーズになり、食べ物を前歯で噛み切ることもできるようになります。

歯茎でカミカミするようになります

舌を上下左右に動かし、食べ物を端に寄せ、歯茎を使って食べ物をつぶすことができるようになり、小さなものをつまんで食べられるようになります。

1日3回とおやつは1日1～2回に

1日3回、朝、昼、夜と規則正しい時間に設定を。手づかみ食べや、スプーンの練習をしながら、自分で食べる楽しみをおぼえて。おやつもとり入れます。

1日3回食になり、徐々に家族と同じ時間帯に

1日3回食に進みますが、最初は、2回食の時間帯と、夕方の3回に。慣れたら家族と一緒の時間に食べるようにしましょう。

煮込みハンバーグぐらいを歯茎で噛めるかたさ

バナナぐらいの歯茎でつぶせるかたさ

離乳食	3回	離乳食	3回
母乳・育児用ミルク	母乳は2～3回→卒乳へ ミルクは2回	母乳・育児用ミルク	母乳は5～8回 ミルクは4～5回

		1才～1才半頃	9～11ヵ月頃
Ⅰ	穀類	軟飯90g～ごはん80g	5倍がゆ90g～軟飯80g
Ⅱ	野菜・果物	40～50g	30～40g
	魚	15～20g	15g
	または肉	15～20g	15g
Ⅲ	または豆腐	50～55g	45g
	または卵	全卵½～⅔個	全卵½個
	または乳製品	100g	80g

栄養バランスのことを知りましょう

栄養バランスのことは、いつ頃から意識したらよいのでしょうか。
赤ちゃんに必要な栄養のきほんをおさえましょう。

7～8カ月頃までは食べることに慣れるとき。9カ月頃からは、栄養を意識しましょう

離乳食スタートの5～6ヵ月頃は、栄養というよりは、とろみのあるポタージュ状に慣れさせ、ゴックンと飲み込む練習のとき。また、7～8ヵ月頃も、食品の種類と数は増えますが、食べることに慣れさせることが目的なので栄養バランスや量は気にしすぎなくてOK。9ヵ月頃からは、1日3回食となり、エネルギーや栄養を主に食事からとるようになるので、少しずつ意識して。1才頃には、食べる量がさらに増えるので、栄養バランスに配慮を。炭水化物の主食、たんぱく質の主菜、ビタミン、ミネラルの副菜の3つの皿数を組み合わせてとり入れましょう。

ベビーフード活用のススメ

栄養を意識する時期こそ、活用したいベビーフード。不足しがちな栄養素をフォローできます。

＼ 不足しがちな栄養素を補う ／

9ヵ月頃は貧血を起こしやすいので、鉄の多いレバーと緑黄色野菜を使ったものが便利。

離乳食では不足しがちなカルシウムや鉄を多く含むフォローアップミルクを利用するのもおすすめ。

＼ とろみづけや味つけに ／

離乳食を食べやすくするための、とろみづけや味つけにもおすすめ。ホワイトソースなどは粉末なので使いやすいです。

粉末のとろみのもとや果汁など種類も豊富なので、離乳食のバリエーションも広がります。

9ヵ月頃から意識したい栄養バランス。 きほんになる栄養のことをおぼえましょう。

ビタミン・ミネラル — 副菜

体の調子を整える 野菜・海藻・きのこなど

緑黄色野菜や果物、海藻、きのこ類などを使った「副菜」は小さいおかず。体の調子を整えます。免疫力を高めたり、骨や歯を丈夫にする働きも。

たんぱく質 — 主菜

血や肉をつくる 魚、肉、卵、大豆製品

魚や肉、卵、豆・大豆製品に多く含まれるたんぱく質を使った「主菜」はメインのおかず。血や肉を作るために欠かせない栄養素です。

離乳食の献立のきほん

炭水化物 — 主食

体を動かすエネルギーのもとになる ごはん、パン、麺、いも類など

ごはんやパン、麺類、いも類には炭水化物が豊富。体を動かすためのエネルギーとなり、体の成長や生命の維持に必要です。

ビタミン・ミネラル — 汁物

野菜、きのこ、海藻を中心に、 たんぱく質を加えて具だくさんに

汁物は野菜だけでなく、肉や魚介類、卵、大豆製品を一緒に煮て作るから栄養満点。ビタミン、ミネラルだけでなく、たんぱく質補給にも◎。

OK食材 & NG食材

時期ごとに食べられるOK食材と食べられないNG食材。ここでしっかりと把握しておきましょう。

○…食べられるもの　△…調理法や量に注意して食べさせたいもの　×…食べられないもの

		5～6カ月頃	7～8カ月頃	9～11カ月頃	1才～1才半頃
たんぱく質	**魚介類**				
	かじきまぐろ	×	△	○	○
	かつお・まぐろ	×	△	○	○
	ぶり	×	×	○	○
	あじ・さば	×	×	○	○
	牡蠣	×	×	○	○
	さわら	×	×	○	○
	いわし・さんま	×	×	△	○
	えび・かに	×	×	△	○
	桜えび	×	×	△	○
	ほたて	×	×	△	○
	つみれ	×	×	△	○
	あさり・しじみ	×	×	△	○
	鮭フレーク	×	×	△	○
	はんぺん	×	×	△	○
	さつま揚げ	×	×	△	○
	ししゃも・ほっけなどの干物	×	×	△	○
	たらこ	×	×	△	○
	ちくわ・かまぼこ・かに風味かまぼこ	×	×	△	○
	いか・たこ	×	×	×	×
	いくら	×	×	×	×
	魚肉ソーセージ	×	×	×	△
	はまぐり	×	×	×	○
	大豆・大豆製品				
	絹ごし豆腐・木綿豆腐	○	○	○	○
	きな粉	△	○	○	○
	大豆（水煮）	×	○	○	○
	高野豆腐	×	○	○	○
	納豆	×	○	○	○
	焼き豆腐	×	△	○	○
	厚揚げ・油揚げ	×	×	×	○
	おから・がんもどき	×	×	×	△
	卵・乳製品				
	プレーンヨーグルト	○	○	○	○
	カッテージチーズ	○	○	○	○
	卵・うずら卵	白身 ×／黄身 ○	○	○	○
	粉チーズ	×	△	○	○
	プロセスチーズ・クリームチーズ・ピザ用チーズ	×	×	△	○
	生クリーム	×	×	×	△
	コンデンスミルク	×	×	×	×
	カマンベールチーズ	×	×	×	×
	その他				
	麩	○	○	○	○

		5～6カ月頃	7～8カ月頃	9～11カ月頃	1才～1才半頃
炭水化物	**穀類**				
	うどん	○	○	○	○
	オートミール	×	○	○	○
	米	○	○	○	○
	食パン	×	○	○	○
	そうめん	○	○	○	○
	コーンフレーク	×	△	○	○
	ロールパン	×	△	○	○
	スパゲッティ・マカロニ	×	×	○	○
	フランスパン	×	×	○	○
	中華麺	×	×	△	○
	そば	×	×	×	△
	春雨	×	×	○	○
	ビーフン	×	×	○	○
	玄米	×	×	×	△
	クロワッサン	×	×	×	○
	もち・もち米	×	×	×	×
	いも類				
	じゃがいも	○	○	○	○
	さつまいも	○	○	○	○
	里いも	×	○	○	○
	山いも	×	△	○	○
	しらたき	×	×	×	×
	こんにゃく	×	×	×	×

		5～6カ月頃	7～8カ月頃	9～11カ月頃	1才～1才半頃
たんぱく質	**肉**				
	鶏ささみ・鶏ひき肉	×	○	○	○
	鶏むね肉・鶏もも肉	×	△	○	○
	レバー（鶏・豚・牛）	×	△	○	○
	豚ひき肉・牛ひき肉	×	×	○	○
	牛赤身肉	×	×	△	○
	豚もも肉・豚ロース肉	×	×	△	○
	ソーセージ・ハム	×	×	×	△
	鶏手羽先・鶏手羽元	×	×	△	△
	ベーコン	×	×	△	△
	豚バラ肉	×	×	△	△
	コンビーフ	×	×	×	×
	魚介類				
	しらす干し	○	○	○	○
	たい・たら	×	○	○	○
	ひらめ・かれい	×	○	○	○
	かつお節	×	○	○	○
	鮭	×	△	○	○
	サーモン	×	△	○	○
	ツナ缶（水煮）	×	△	○	○
	ツナ缶（オイル）	×	△	△	○

ビタミン・ミネラル

果物

食材	5～6カ月頃	7～8カ月頃	9～11カ月頃	1才～1才半頃
ぶどう	×	○	○	○
プルーン・レーズン	×	△	○	○
いちじく	×	×	△	○
缶詰の果物	×	×	×	△
ブルーベリー	×	×	△	○
アボカド	×	×	△	○
グレープフルーツ	×	×	△	○
南国フルーツ（マンゴー・ライチ・パイナップルなど）	×	×	×	△
ライム・レモン	×	×	×	△

種実類

食材	5～6カ月頃	7～8カ月頃	9～11カ月頃	1才～1才半頃
ごま	×	△	○	○
栗	×	×	△	○
くるみ・ピーナッツ	×	×	×	×

調味料

食材	5～6カ月頃	7～8カ月頃	9～11カ月頃	1才～1才半頃
BF（和風、鶏がら、コンソメなど）	○	○	○	○
ゼラチン	○	○	○	○
牛乳	×	○	○	○
豆乳	×	○	○	○
砂糖	×	△	○	○
サラダ油・ごま油	×	△	○	○
オリーブ油	×	△	○	○
バター・マーガリン	×	△	○	○
メープルシロップ	×	△	○	○
塩・しょうゆ・みそ	×	△	○	○
マヨネーズ	×	×	△	○
寒天	○	○	○	○
酢	×	×	○	○
みりん・調理種	×	×	○	○
トマトケチャップ（無添加のもの）	×	×	△	○
黒砂糖	×	×	○	○
中濃ソース・オイスターソース	×	×	△	○
めんつゆ	×	×	△	○
ポン酢しょうゆ	×	×	△	○
カレー粉・カレールウ（甘口）	×	×	×	○
ドレッシング	×	×	×	○
ジャム	×	×	△	△
焼肉のたれ	×	×	×	△
はちみつ	×	×	×	○
からし・こしょう・七味唐辛子・わさび	×	×	×	×

市販品など

食材	5～6カ月頃	7～8カ月頃	9～11カ月頃	1才～1才半頃
梅干し	×	×	×	△
お茶漬け・ふりかけ	×	×	×	△
インスタントラーメン	×	×	×	△
ピザ	×	×	×	△
ぎょうざ・しゅうまい	×	×	×	△
たこ焼き	×	×	×	△
市販惣菜	×	×	×	△
市販弁当	×	×	×	△
なめたけ	×	×	×	△
レトルトカレー（甘口）	×	×	×	△
生卵・刺身料理	×	×	×	×
アロエ・ナタデココ・こんにゃくゼリー	×	×	×	×

ビタミン・ミネラル

野菜類

食材	5～6カ月頃	7～8カ月頃	9～11カ月頃	1才～1才半頃
枝豆・グリーンピース	○	○	○	○
かぼちゃ	○	○	○	○
キャベツ	○	○	○	○
クリームコーン缶	○	○	○	○
小松菜・ほうれん草	○	○	○	○
大根・かぶ	○	○	○	○
玉ねぎ	○	○	○	○
とうもろこし	○	○	○	○
トマト・ミニトマト	○	○	○	○
にんじん	○	○	○	○
白菜	○	○	○	○
ブロッコリー・カリフラワー	○	○	○	○
きゅうり	△	○	○	○
なす	△	○	○	○
レタス	△	○	○	○
そら豆	△	○	○	○
オクラ	△	○	○	○
絹さや・さやいんげん・スナップエンドウ	×	○	○	○
グリーンアスパラガス	×	○	○	○
冬瓜	×	○	○	○
ミックスベジタブル（冷凍）	×	○	○	○
春菊	△	△	○	○
菜の花	△	△	○	○
チンゲン菜	△	△	○	○
長ねぎ・万能ねぎ	×	△	○	○
にら	×	△	○	○
パプリカ・ピーマン	×	△	○	○
切干し大根	×	×	○	○
もやし	×	×	○	○
ごぼう・れんこん	×	×	△	○
青じそ・バジル	×	×	△	○
セロリ	×	×	△	○
しょうが・にんにく	×	×	△	○
たけのこ	×	×	×	○

きのこ類

食材	5～6カ月頃	7～8カ月頃	9～11カ月頃	1才～1才半頃
えのきだけ・しめじ・まいたけ・生しいたけ	×	×	△	○
きくらげ	×	×	×	○
なめこ	×	×	×	○
エリンギ	×	×	×	×

海藻

食材	5～6カ月頃	7～8カ月頃	9～11カ月頃	1才～1才半頃
青のり	×	○	○	○
とろろ昆布	×	×	△	○
焼きのり	×	×	○	○
わかめ	×	×	○	○
ひじき・めかぶ・もずく	×	×	○	○
のりの佃煮（和え物などに使う場合）	×	×	×	△
味つけのり	×	×	×	△
昆布（だしではなく食べる場合）	×	×	×	△

果物

食材	5～6カ月頃	7～8カ月頃	9～11カ月頃	1才～1才半頃
いちご・みかん	○	○	○	○
すいか・メロン	○	○	○	○
バナナ・桃	○	○	○	○
りんご・梨・洋梨	○	○	○	○
柿	△	○	○	○
キウイフルーツ・さくらんぼ	×	○	○	○

レンジでチン!で簡単! だし&スープレシピ

赤ちゃんにとって生まれてはじめて口にする離乳食だからこそ、おいしいだしをとりましょう。
レンチン&フリージングで簡単に作ってみませんか?

味のきほんとなるだし&スープ。電子レンジで簡単に作って冷凍保存を

味のきほんとなるだし&スープ。しをとるのがいいとわかっていても、わざわざ毎回とるのは面倒…と思う人も多いはず。そこでおすすめなのが、電子レンジで簡単に作るだし&スープ。耐熱ボウルと材料さえあれば、チンしてこすだけだから本当に簡単! 大きめのボウルで作れば、製氷皿に流し入れて冷凍保存もできます。使うときは素材フリージング(P29〜)と合わせて電子レンジで加熱しましょう。

離乳食は赤ちゃんの味覚を作る大切な要素。だからこそ、本物のだしの味をきほんにしてあげましょう。かつお節や昆布でとった和風だし、刻んだ野菜を煮出してとるスープは、本物の香りとうまみが味わえ、赤ちゃんの味覚の形成にも役立ちます。しかし、だ

ベビーフードのだしを使っても

電子レンジでとるだしやスープもいいけれど、ストックがないときは、BFのだしやスープを利用して。粉末だから手軽に使うことができ、保存もきくので常備しておくと便利。

だしは製氷皿に入れてフリージングを!

製氷皿の1キューブは15ml。粗熱がとれてから注いで。

製氷皿なら、3種類のだしを入れて冷凍するのも便利。

それぞれのだしを冷凍用保存袋に入れて冷凍しましょう。

和風だし

かつお節と昆布を使った和風だし。
昆布はキッチンばさみで切り込みを入れるとだしがよく出ます。

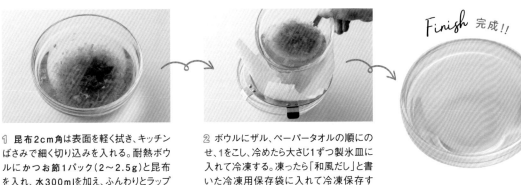

Finish 完成！！

① 昆布2cm角は表面を軽く拭き、キッチンばさみで細く切り込みを入れる。耐熱ボウルにかつお節1パック（2～2.5g）と昆布を入れ、水300mlを加え、ふんわりとラップをして電子レンジで8分加熱し、そのまま冷めるまでおく。

② ボウルにザル、ペーパータオルの順にのせ、1をこし、冷めたら大さじ1ずつ製氷皿に入れて冷凍する。凍ったら「和風だし」と書いた冷凍用保存袋に入れて冷凍保存する。

野菜だし

キャベツやにんじん、ブロッコリーの芯、
玉ねぎなどのアクの少ない野菜を利用して作ります。

Finish 完成！！

① にんじん、ブロッコリーの茎、玉ねぎ、キャベツの芯など余った野菜（100g）をせん切りにし、耐熱ボウルに入れ、水200mlを加え、ふんわりとラップをして電子レンジで8分加熱し、そのまま冷めるまでおく。

② ボウルにザル、ペーパータオルの順にのせ、1をこし、冷めたら大さじ1ずつ製氷皿に入れて冷凍する。凍ったら「野菜だし」と書いた冷凍用保存袋に入れて冷凍保存する。野菜は離乳食に使う。

うまみだし

野菜だしに鶏ささみをプラスしてとるうまみだし。
肉のうまみも味わえるので味に深みが増します。

Finish 完成！！

① にんじん、ブロッコリーの茎、玉ねぎ、キャベツの芯など余った野菜（100g）をせん切りにし、鶏ささみ、もしくは皮と脂を取り除いた鶏むね肉50gを薄切りにし、耐熱ボウルに入れ、水200mlを加え、ふんわりとラップをして電子レンジで8分加熱し、そのまま冷めるまでおく。

② ボウルにザル、ペーパータオルの順にのせ、1をこし、冷めたら大さじ1ずつ製氷皿に入れて冷凍する。凍ったら「うまみだし」と書いた冷凍用保存袋に入れて冷凍保存する。野菜は離乳食に使う。

※7ヵ月以降は鶏ささみが使える。

フリージングのきほん

フリージングするときは、細菌に対する抵抗力が弱い赤ちゃんのために、
きちんとルールを守りましょう。

1
食材は新鮮なものを使います

赤ちゃんには新鮮な食材を与えましょう。フリージングするときは、買ってきたその日に調理をして新鮮なうちに冷凍するのがきほん。味はもちろん、栄養価が高い状態をキープできます。

2
粗熱をしっかりとってよく冷ますこと

電子レンジなどで加熱した食材は、必ずしっかり冷ましてから冷凍しましょう。熱いままの冷凍は、冷凍庫内の温度を上げて霜の原因になり、食材の味が落ちるので注意が必要です。

3
1回分ずつ冷凍しましょう

調理をした食材は1回分ずつ小分けにして冷凍します。冷凍用保存袋に入れて箸ですじ目をつけたり、製氷皿に入れて冷凍したりすれば、1回分のキューブができるので手軽でおすすめです。

4
空気を抜いて密閉します

冷凍するとき、気をつけたいのが空気の存在。食材の酸化や劣化の原因になります。冷凍用保存袋やラップに包むときは、なるべく平らにして空気を抜いて密閉するのがコツ。

5
1週間で使いきりましょう

冷凍保存は長持ちしますが、徐々に劣化も。味に敏感な上、細菌に弱い赤ちゃんには、1週間で使いきるのをきほんに、作る分量を調整して。食材名と日付を書いておくと忘れません。

6
食べるときは必ず再加熱すること

鍋や電子レンジで加熱調理して冷凍した離乳食でも、自然解凍はNG。冷凍している間に、雑菌が繁殖している可能性も。食べさせるときは、必ず電子レンジで再加熱し、沸騰させて。

離乳食作りにあると便利な道具

慣れない離乳食作りをサポートしてくれる、便利グッズをご紹介！

フリージング
離乳食作りに

ミルクパン

少量を作る離乳食では小さな鍋がおすすめ。ゆでるだけでなく、とろみをつけるときにも使える。

耐熱ボウル

汁けが多いものや、フリージング食材を組み合わせて、電子レンジで離乳食を作るときに◎。そのまま和えることができて便利。

フードプロセッサー

ペースト状や、みじん切りにすることの多い離乳食で大活躍。すり鉢や、包丁を使うよりも、短時間で仕上がる。

離乳食調理用として揃ってると便利

おろし器やすりこ木、すり鉢、こし器など、離乳食調理用として揃っていると便利。電子レンジ対応のものもおすすめ。

とろとろの
ピュレも
あっという間！

Part

2

\\ 初期 //

5〜6ヵ月頃の
離乳食
アイデア＆レシピ

週末に
まとめて
フリージング！

離乳食をスタート！ 栄養は母乳やミルクからとれるので、
食べ物を飲み込む練習です。1さじから始めて、赤ちゃんのペースで、
焦らずゆっくり進めましょう。

ステップアップの
進め方も
よくわかる！

5〜6ヵ月頃の離乳食のきほん

5〜6ヵ月頃が離乳食スタートの時期。
赤ちゃんの様子を見ながら、1日1さじから始めてみましょう。

10倍がゆ

甘みがあり、消化のよい10倍がゆをなめらかなポタージュ状にして1さじから食べさせて。

にんじんペースト

しっかりゆでてやわらかくし、すりおろしてなめらかなペースト状にして。野菜類やいも類などはこの状態を目安に。

首がしっかり据わったらスタートの目安。ゆっくり上手に飲み込む練習を。

この頃になると首もしっかり据わって、少し座れるようになり、まわりのことに興味を持ち始めます。家族で食事をしているときに大人の食べている様子をじーっと見て、よだれが増えてきたり、口をモゴモゴさせるような仕草が見えたりしたら、赤ちゃんが食べることに興味を示しているということ。スプーンを下唇にあてても、舌で押し出す様子がなければ離乳食をスタートしてみましょう。赤ちゃんの体調や、機嫌のよいときを見計らって、1日1回、消化のよい10倍がゆのところみのある食べ物を1さじから始め、慣れてきたら量や食材の種類を増やしていきましょう。

1日のタイムスケジュールの目安

	22:00	20:00	18:00	16:00	14:00	12:00	10:00	8:00	6:00	
食べさせたあとで、体調に変化が起きたらすぐに受診できる午前中に。	母乳・ミルク	母乳・ミルク		母乳・ミルク		母乳・ミルク	離乳食1回目&母乳・ミルク		母乳・ミルク	初めの1ヵ月
1ヵ月が過ぎて慣れてきたら、2回食に。2回目は午後から夕方の授乳時間帯がおすすめ。	母乳・ミルク		離乳食2回目&母乳・ミルク		母乳・ミルク		離乳食1回目&母乳・ミルク		母乳・ミルク	始めて1ヵ月経ったら

26

素材フリージング＆レンジでチン!

離乳食は用意したフリージング食材とレンチンで
簡単においしく作れます! きほんになるテクニックをおぼえましょう。

テクニック 1

＼ ゆでて
切って… ／

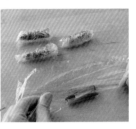

青菜などの野菜は、葉のみをやわらかくゆでて切り、1回分ずつラップに包みます。

フリージング!

冷凍用保存袋に入れて、空気を抜いて口を閉じ、日付と素材の名前を記入。

＼ すりおろして… ／

冷凍のままおろし器ですりおろすだけでなめらかなペースト状に。

テクニック 2

＼ ゆでて… ／

野菜は、小さめに切り、小鍋でやわらかくなるまでゆでます。

＼ フープロで
ガーッ!! ／

ゆでた野菜は粗熱をとってからフードプロセッサーに入れて攪拌（かくはん）し、なめらかに。

フリージング!

冷凍用保存袋に入れて平らにのばし、箸で1回分ずつすじ目をつけ、冷凍保存。

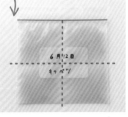

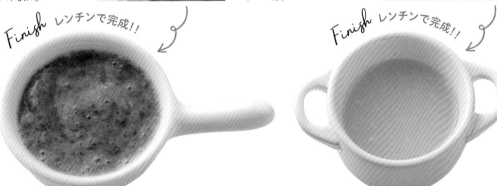

Finish レンチンで完成!!

Finish レンチンで完成!!

＼＼ 初期 ／／
フリージングで！
5〜6ヵ月頃の献立カレンダー

4つのSTEPで食べられるものを増やしていきましょう！

素材フリージングで毎日の離乳食作りもラクラク！　特にこの時期は、レンチンですぐできるのがうれしい！

5〜6ヵ月頃の離乳食ステップアップ例

5 週目

1日2回食

炭水化物
（10倍がゆ・うどん・パン）

＋

たんぱく質
（白身魚・豆腐・卵黄）

＋

ビタミン・ミネラル
（野菜・いも・果物）2〜3品

✕ 2回

主食の量を少しずつ増やしましょう。たんぱく質に慣れてきたら、新しいたんぱく質の食材にチャレンジ。

3〜4 週目

1日1回食

炭水化物
（10倍がゆ・うどん・パン）

＋

たんぱく質（白身魚・豆腐）

＋

ビタミン・ミネラル
（野菜・いも・果物）2品

野菜などに慣れてきたら、たんぱく質を1品加えて。野菜ペーストは食べ慣れたものを。

2 週目

1日1回食

炭水化物
（10倍がゆ・うどん・パン）

＋

ビタミン・ミネラル
（野菜・いも・果物）1品

慣れてきたら、おかゆの量は変えずに野菜ペーストなどを1さじからプラス。体調に変化がなければ、新しい野菜に変えて。

1 週目

離乳食 Start!

1日1回食

炭水化物
（10倍がゆ）

最初の1さじは10倍がゆから。1さじから少しずつ様子を見ながら量を増やし、5日目ぐらいには小さじ3ぐらいに。

1週目 10倍がゆをフリージング!

フリージング!

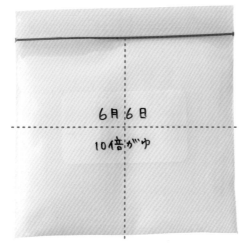

冷凍用保存袋に入れ、空気を抜くように閉じて平らにのばし、箸などで1回分ずつすじ目をつけ、トレイに入れて冷凍する。

10倍がゆの作り方(4回分)

レンチンで!

耐熱ボウルにごはん30g、水150mlを入れ、ラップをしないで、電子レンジで10分加熱する。ごはんがやわらかくふやけていたら、そのまま10分ほどおいて蒸らす。

↓

フープロで!

なめらかなペースト状になるまで撹拌する。

そのまま食べるときは

耐熱ボウルに1回分と水大さじ½を入れ、ふんわりとラップをして電子レンジで1分〜1分30秒加熱し、よく混ぜながら冷ます。

ほとんどの栄養を母乳やミルクからとる時期なので、はじめて食べ物を口にするときは、ほんのり甘く、とろみのあるおかゆが最適。焦らずゆっくりと与えましょう。

まずは10倍がゆを
1さじずつからスタート!

おすすめ！1週間 フリージング食材 **6**

2週目になったら、ビタミン・ミネラルの野菜や果物もフリージングしてみましょう。
かぼちゃ、トマト、小松菜の緑黄色野菜と甘酸っぱいりんごもとり入れて。

トマト

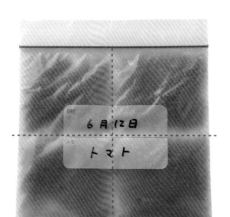

6月12日
トマト

4回分

＼ フープロで！／
トマト½個は湯通しして皮を
むき、種を取り除き、粗みじん
切りにする。なめらかなペース
ト状になるまで撹拌する。

↓

＼ レンチンで！／
耐熱ボウルに入れ、電子レンジ
で1分〜1分30秒加熱して
沸騰させ、粗熱をとる。

↓

フリージング！

冷凍用保存袋に入れ、空気
を抜くように閉じて平らに
のばし、箸などで1回分
ずつすじ目をつけ、トレイ
に入れて冷凍する。

かぼちゃ

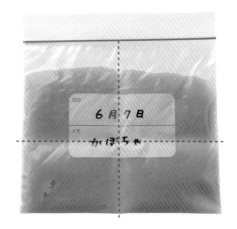

6月7日
かぼちゃ

4回分

＼ レンチンで！／
かぼちゃ1/16個をラップで包
んで電子レンジで1分〜1分
30秒、やわらかくなるまで加
熱する。皮を包丁で取り除く。

↓

＼ フープロで！／
なめらかなペースト状になるよ
うに、水少量を加えながら撹拌
する。

↓

フリージング！

冷凍用保存袋に入れ、空気
を抜くように閉じて平らに
のばし、箸などで1回分
ずつすじ目をつけ、トレイ
に入れて冷凍する。

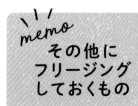

memo その他に
フリージング
しておくもの

10倍がゆ (P29)

野菜だし (P23)

りんご

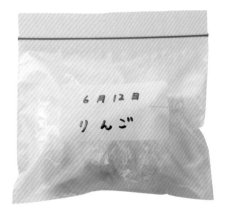

6月12日
りんご

━━ 4回分 ━━

＼ 切る ／

りんご¼個は8等分のくし形に切り、皮をむいて種を取り、半分に切る。

↓

フリージング！

1個ずつラップで包み、冷凍用保存袋に入れて冷凍する。

↓

使うときは
すりおろす

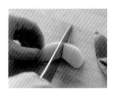

1回分を凍ったまますりおろし、耐熱容器に入れ、水大さじ1を加えてふんわりとラップをし、電子レンジで30秒加熱して冷ます。

小松菜

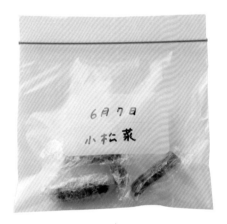

6月7日
小松菜

━━ 4回分 ━━

＼ ゆでて切る ／

小松菜1株は沸騰した湯で30秒ほどゆで、葉先のみを切り、水けを絞り、さらに半分の長さに切る。

↓

フリージング！

4等分にしてラップでスティック状に包み、冷凍用保存袋に入れて冷凍する。

↓

使うときは
すりおろす

1回分を凍ったまますりおろし、耐熱容器に入れ、水大さじ2を加えてふんわりとラップをし、電子レンジで30秒加熱して冷ます。

MENU FOR ONE WEEK

2
週目

2週目は、10倍がゆに野菜をプラスしていく時期。おかゆの量はあまり変えず、野菜は1さじから。
はじめて口にする食品は、食物アレルギーの症状が出ないか確認しながら与えましょう。

Mon .

 10倍がゆ(P29) × 1回分

 かぼちゃペースト

材料と作り方　耐熱ボウルにかぼちゃフリージング
（P30）1回分、水大さじ1を入れ、ふんわりとラップを
して電子レンジで1分～1分30秒加熱して沸騰させ、
よく混ぜながら冷ます。

memo
赤ちゃんの好きな甘みのかぼちゃを1さじから与えま
しょう。かぼちゃが飲み込みづらそうだったら、水分を
加えたり、おかゆと混ぜてあげたりしましょう。

Tue .

 10倍がゆ(P29) × 1回分

 +

トマトの野菜スープ煮

材料と作り方
1　耐熱ボウルに**トマト**フリージング（P30）1回分、野
　菜だしフリージング（P23）1個を入れ、ふんわりとラッ
　プをして電子レンジで1分30秒～2分加熱する。
2　1に**片栗粉小さじ¼**を加え、よく混ぜながら冷ます。

memo
少し酸味のあるトマトの野菜スープ煮にチャレンジ。ト
マトと野菜スープを合わせてレンチンするだけだから手
軽です。

Wed.

 小松菜 ＋ 10倍がゆ
小松菜のミルクがゆ
材料と作り方
耐熱ボウルに小松菜フリージング（P31）1回分をすりおろし、10倍がゆフリージング（P29）1回分、水大さじ1を加え、ふんわりとラップをして電子レンジで1分～1分30秒加熱し、よく混ぜながら冷まし、粉ミルク小さじ¼を加えて混ぜる。

memo
小松菜は凍ったまますりおろして、10倍がゆと合わせ、レンチンするだけだから手軽！　少し青臭い小松菜も、粉ミルクとおかゆでまろやかな味に。

 かぼちゃ ＋ 10倍がゆ
かぼちゃのおかゆ
材料と作り方　耐熱ボウルにかぼちゃフリージング（P30）、10倍がゆフリージング（P29）各1回分、水大さじ1を入れ、ふんわりとラップをして電子レンジで1分30秒～2分加熱し、よく混ぜながら冷ます。

りんご
りんごのとろとろ
材料と作り方　耐熱ボウルにりんごフリージング（P31）1回分をすりおろし、水大さじ1を加え、ふんわりとラップをして電子レンジで30～40秒加熱し、片栗粉小さじ⅛を加えてよく混ぜながら冷ます。

memo
かぼちゃと10倍がゆを合わせてレンチンするだけの簡単がゆに、りんごをすりおろしたとろとろをプラス。両方とも甘くておいしいから、赤ちゃんも好きなはず。

Thu.

トマト ＋ 10倍がゆ
トマトのおかゆ
材料と作り方　耐熱ボウルにトマトフリージング（P30）、10倍がゆフリージング（P29）1回分、水大さじ½を入れ、ふんわりとラップをして電子レンジで1分30秒～2分加熱し、よく混ぜながら冷ます。

 小松菜 ＋ 野菜だし
小松菜のとろとろ煮
材料と作り方
1 耐熱ボウルに小松菜フリージング（P31）1回分をすりおろし、野菜だしフリージング（P23）1個を加え、ふんわりとラップをして電子レンジで1分～1分30秒加熱する。
2 片栗粉小さじ¼を加えて混ぜ、さらに1分加熱し、よく混ぜながら冷ます。

memo
酸味のあるトマトは10倍がゆと一緒にレンチンして食べやすく。小松菜は、とろみをつけることで、飲み込みやすくなります。

Fri.

おすすめ！1週間 フリージング食材 7

3~4週目になったら、野菜と果物の種類を増やしてみましょう。
また、そろそろ消化のよいたんぱく質の白身魚もフリージングしてとり入れて。

かぶ

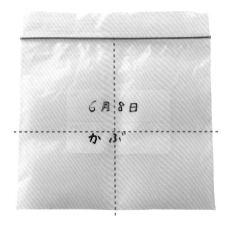

6月8日
かぶ

---- 4回分 ----

＼ ゆでる ／

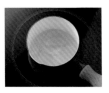

かぶ1個は皮をむき、スライサーで薄くスライスする。鍋にかぶ、ひたひたの水を入れて3〜5分、指でつぶせるくらいやわらかくなるまでゆでる。

↓

＼ フープロで！ ／

なめらかなペースト状になるまで撹拌する。

↓

フリージング！

冷凍用保存袋に入れ、空気を抜くように閉じて平らにのばし、箸などで1回分ずつすじ目をつけ、トレイに入れて冷凍する。

にんじん

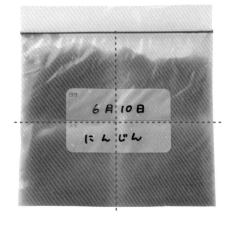

6月10日
にんじん

---- 4回分 ----

＼ レンチンで！ ／

にんじん¼本は皮をむき、スライサーで薄くスライスする。耐熱ボウルに入れ、ひたひたの水を加え、ふんわりとラップをして電子レンジで3分加熱し、そのまま2分おく。

↓

＼ フープロで！ ／

なめらかなペースト状になるまで撹拌する。

↓

フリージング！

冷凍用保存袋に入れ、空気を抜くように閉じて平らにのばし、箸などで1回分ずつすじ目をつけ、トレイに入れて冷凍する。

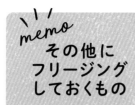
memo その他に フリージング しておくもの

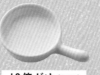
10倍がゆ（P29）

小松菜（P31）

和風だし（P23）

白身魚

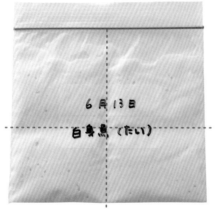

6月13日
白身魚（たい）

━━ 4回分 ━━

＼ ゆでる ／

ボウルに水を入れ、白身魚（刺身用のたい）40gをさっと洗って水けを拭き取る。鍋に白身魚、ひたひたの水を入れ、1〜2分ゆでる。

↓

＼ フープロで！ ／

少量の水を加えながらやわらかくなるまで撹拌する。

冷凍用保存袋に入れ、空気を抜くように閉じて平らにのばし、箸などで1回分ずつすじ目をつけ、トレイに入れて冷凍する。

フリージング！

バナナ

6月10日
バナナ

━━ 4回分 ━━

＼ 切る ／

バナナ½本は皮をむき、4等分に切る。

↓

フリージング！

1個ずつラップで包み、冷凍用保存袋に入れて冷凍する。

↓

＼ 使うときは すりおろす ／

1回分を凍ったまますりおろし、耐熱容器に入れ、水大さじ1を加えてふんわりとラップをし、電子レンジで30秒加熱して冷ます。

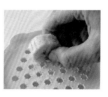

MENU FOR ONE WEEK

3~4 週目

野菜に慣れてきたら、たんぱく質を1さじから加えていきましょう。
まずは白身魚や豆腐などからスタート。赤ちゃんの様子を見ながら少しずつ。

Mon.

白身魚 + 10倍がゆ + 和風だし + 小松菜

白身魚と小松菜のおかゆ

材料と作り方 耐熱ボウルに白身魚フリージング（P35）、10倍がゆフリージング（P29）、和風だしフリージング（P23）各1回分を入れ、小松菜フリージング（P31）1回分をすりおろして加える。ふんわりとラップをして電子レンジで2分～2分30秒加熱し、よく混ぜながら冷ます。

バナナ

バナナのマッシュ

材料と作り方 耐熱ボウルにバナナフリージング（P35）1回分をすりおろし、水大さじ1を加え、ふんわりとラップをして電子レンジで30秒～1分加熱し、よく混ぜながら冷ます。

Tue.

にんじん + 10倍がゆ

にんじんがゆ

材料と作り方 耐熱ボウルににんじんフリージング（P34）1回分、水大さじ1、10倍がゆフリージング（P29）1回分を入れ、ふんわりとラップをして電子レンジで1分30秒～2分加熱し、よく混ぜながら冷ます。

 白身魚
白身魚のすり流し

材料と作り方 耐熱ボウルに白身魚フリージング（P35）1回分、水大さじ1を加え、ふんわりとラップをして電子レンジで1分～1分30秒加熱し、よく混ぜながら冷ます。

Wed.

10倍がゆ **10倍がゆ**(P29) × 1回分

小松菜 **小松菜ペースト**

材料と作り方 耐熱ボウルに**小松菜フリージング(P31)1回分**をすりおろし、**水大さじ1**を加え、ふんわりとラップをして電子レンジで30秒〜1分加熱し、よく混ぜながら冷ます。

バナナ **バナナの豆乳煮**

材料と作り方 耐熱ボウルに**バナナフリージング(P35)1回分**をすりおろし、**無調整豆乳大さじ1**を加え、ふんわりとラップをして電子レンジで30〜40秒加熱し、よく混ぜながら冷ます。

Thu.

かぶ + 和風だし + 10倍がゆ

かぶの和風がゆ

材料と作り方 耐熱ボウルに**かぶフリージング(P34)1回分**、**和風だしフリージング(P23)1個**、**10倍がゆフリージング(P29)1回分**を入れ、ふんわりとラップをして電子レンジで2分〜2分30秒加熱し、よく混ぜながら冷ます。

にんじん

にんじんと豆腐のペースト

材料と作り方 耐熱ボウルに**にんじんフリージング(P34)1回分**、すりつぶした**絹ごし豆腐大さじ1**を入れ、ふんわりとラップをして電子レンジで1分〜1分30秒加熱し、**湯冷まし少量**を加えてとろみを調整しながらよく混ぜて冷ます。

Fri.

10倍がゆ **10倍がゆ**(P29) × 1回分

かぶ + 小松菜 + 和風だし

かぶと小松菜のお麩煮

材料と作り方

1. 耐熱ボウルに**かぶフリージング(P34)**、すりおろした**小松菜フリージング(P31)各1回分**、**和風だしフリージング(P23)1個**を入れ、ふんわりとラップをして電子レンジで2分〜2分30秒加熱する。
2. 1に**麩1個**をすりおろして加え、さらに電子レンジで30〜40秒加熱し、よく混ぜながら冷ます。

だんだん食べられる食材の数も増えてくる頃。そうめんもフリージングしておけば、
赤ちゃんも大喜び。食材も10種類あれば、メニューの幅も広がります。

キャベツ

そうめん

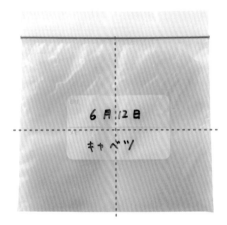

6月12日
キャベツ

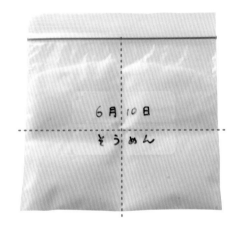

6月10日
そうめん

― 4回分 ―

＼ ゆでる ／

キャベツの葉1枚は、やわらかい部分を細かいせん切りにする。鍋にキャベツ、ひたひたの水を入れ、手でつぶれるくらいにやわらかくなるまでゆでる。

↓

＼ フープロで！ ／

なめらかなペースト状になるまで撹拌する。

⬇

フリージング！

冷凍用保存袋に入れ、空気を抜くように閉じて平らにのばし、箸などで1回分ずつすじ目をつけ、トレイに入れて冷凍する。

― 4回分 ―

＼ ゆでる ／

そうめん30gは細かく折り、熱湯でやわらかくなるまでゆで、よく水洗いする。

↓

＼ フープロで！ ／

なめらかなペースト状になるまで撹拌する。

⬇

フリージング！

冷凍用保存袋に入れ、空気を抜くように閉じて平らにのばし、箸などで1回分ずつすじ目をつけ、トレイに入れて冷凍する。

memo その他にフリージングしておくもの

フリージングのしかた（6回分）
8枚切りの食パン1枚は耳を切り落とし、6等分に切る。耳は除いて、1個ずつラップに包む。

食パン

10倍がゆ (P29)　トマト (P30)　白身魚 (P35)　かぶ (P34)　かぼちゃ (P30)
野菜だし (P23)　うまみだし (P23)

しらす

6月15日
しらす

━ 4回分 ━

熱湯をかける
しらす40gは茶こしに入れ、熱湯を回しかけて塩抜きする。

すりつぶす
すりこ木ですりつぶす。

フリージング！
冷凍用保存袋に入れ、空気を抜くように閉じて平らにのばし、箸などで1回分ずつすじ目をつけ、トレイに入れて冷凍する。

じゃがいも

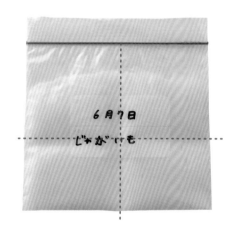

6月7日
じゃがいも

━ 4回分 ━

ゆでる
じゃがいも ½個は芽を取り除いて皮をむき、スライサーで薄くスライスし、水に5分ほどさらしアク抜きする。鍋にじゃがいも、ひたひたの水を入れ、指でつぶれるくらいにやわらかくなるまでゆでる。

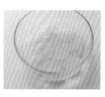

フープロで！
なめらかなペースト状になるまで撹拌する。

フリージング！
冷凍用保存袋に入れ、空気を抜くように閉じて平らにのばし、箸などで1回分ずつすじ目をつけ、トレイに入れて冷凍する。

いよいよ2回食に進みます。フリージングする種類を少し増やして、
献立にバリエーションを。たんぱく質も3種類ぐらい用意しておくとバランスのよい献立に。

Mon.

1回目

しらす + じゃがいも + 食パン

しらすのミルクパンがゆ

材料と作り方
1 耐熱ボウルにしらすフリージング（P39）、じゃがいも
フリージング（P39）、すりおろした食パンフリージン
グ（P39）各1回分、水大さじ1を入れ、ふんわりとラッ
プをして電子レンジで1分30秒〜2分加熱する。
2 1の粗熱がとれたら、粉ミルク小さじ¼を加え、よく混
ぜながら冷ます。

トマト + 野菜だし

トマトの野菜スープ煮

材料と作り方
1 耐熱ボウルにトマトフリージング（P30）1回分、野菜
だしフリージング（P23）1個を入れ、ふんわりとラップ
をして電子レンジで1分30秒〜2分加熱する。
2 1に片栗粉小さじ¼を加え、よく混ぜながら冷ます。

2回目

10倍がゆ

10倍がゆ(P29) × 1回分

かぼちゃ

かぼちゃと豆腐のとろ煮

材料と作り方
1 耐熱ボウルにかぼちゃフリージング（P30）
1回分、すりつぶした絹ごし豆腐大さじ1を入
れ、ふんわりとラップをして電子レンジで1分
〜1分30秒加熱する。
2 1に湯冷まし少量を加え、とろみを調整しな
がらよく混ぜて冷ます。

memo
ほんのり甘い味のかぼちゃは、ゆでるとつぶしや
すく、なめらかなペースト状になるので離乳食に
ピッタリ。たんぱく質の豆腐と合わせて。

Tue.

①回目

かぼちゃ + 10倍がゆ **かぼちゃのおかゆ**

材料と作り方　耐熱ボウルにかぼちゃフリージング(P30)、10倍がゆフリージング(P29)各1回分、水大さじ1を入れ、ふんわりとラップをして電子レンジで1分30秒〜2分加熱し、よく混ぜながら冷まします。

キャベツ + しらす + 野菜だし **キャベツとしらすのだし煮**

材料と作り方　耐熱ボウルにキャベツフリージング(P38)、しらすフリージング(P39)各1回分、野菜だしフリージング(P23)1個を入れ、ふんわりとラップをして電子レンジで2分〜2分30秒加熱し、よく混ぜながら冷まします。

②回目

10倍がゆ **10倍がゆ**(P29) × 1回分

白身魚 + じゃがいも **白身魚とじゃがいものマッシュ**

材料と作り方　① 耐熱ボウルに白身魚フリージング(P35)、じゃがいもフリージング(P39)各1回分、水大さじ1を入れ、ふんわりとラップをして電子レンジで1分30秒〜2分加熱する。

② 1に洋風だし(BF／粉末)1本を加え、よく混ぜながら冷まします。

memo
白身魚だけだとパサパサしがちですが、とろとろのじゃがいもを加えているので、まろやかで食べやすくなります。

Wed.

①回目

食パン **豆乳パンがゆ**

材料と作り方　耐熱ボウルにすりおろした食パンフリージング1回分、無調整豆乳大さじ2を入れ、ふんわりとラップをして電子レンジで30秒〜40秒加熱し、よく混ぜながら冷まします。

かぼちゃ **かぼちゃのペースト**

材料と作り方　耐熱ボウルにかぼちゃフリージング(P30)1回分、水大さじ1を入れ、ふんわりとラップをして電子レンジで30秒〜1分加熱し、よく混ぜながら冷まします。

②回目

トマト + 10倍がゆ + しらす **トマトとしらすミルクがゆ**

材料と作り方

① 耐熱ボウルにトマトフリージング(P30)、10倍がゆフリージング(P29)、しらすフリージング(P39)各1回分を入れ、ふんわりとラップをして電子レンジで2分〜2分30秒加熱し、粗熱をとる。

② 1に粉ミルク小さじ¼を加え、よく混ぜながら冷ます

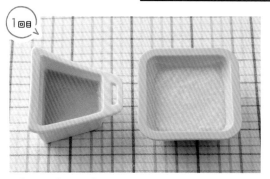

1回目

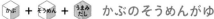

かぶ + そうめん + うまみ だし　**かぶのそうめんがゆ**

材料と作り方　耐熱ボウルにかぶフリージング（P34）、そうめんフリージング（P38）各1回分、うまみだしフリージング（P23）1個を入れ、ふんわりとラップをして電子レンジで2分～2分30秒加熱し、よく混ぜながら冷まします。

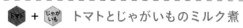

トマト + じゃが いも　**トマトとじゃがいものミルク煮**

材料と作り方　① 耐熱ボウルにトマトフリージング（P30）、じゃがいもフリージング（P39）各1回分、水大さじ1を入れ、ふんわりとラップをして電子レンジで1分30秒～2分加熱し、粗熱をとる。
② 1に粉ミルク小さじ¼を加え、よく混ぜながら冷まします。

2回目

10倍 がゆ　**10倍がゆ**（P29）× 1回分

かぼちゃ　**かぼちゃと豆腐のとろ煮**　作り方➡P40

memo

木綿豆腐よりも、絹ごし豆腐の方がなめらかな口当たりになるので、この時期は絹ごし豆腐を使うのがおすすめです。

1回目

じゃが いも + うまみ だし + 食パン　**じゃがいものパンがゆ**

材料と作り方　① 耐熱ボウルにじゃがいもフリージング（P39）1回分、うまみだしフリージング（P23）1個を入れ、ふんわりとラップをして電子レンジで2分～2分30秒加熱する。
② 1に食パンフリージング（P39）1回分をすりおろして加え、さらに電子レンジで30秒加熱し、よく混ぜながら冷まします。

トマト + 野菜 だし　**トマトと豆腐のとろとろ**

材料と作り方　① 耐熱ボウルにトマトフリージング（P30）1回分、野菜だしフリージング（P23）1個、絹ごし豆腐大さじ1、水大さじ1を入れ、ふんわりとラップをして電子レンジで1分30秒～2分加熱する。
② 1にとろみのもと（BF／粉末）¼本を加えてよく混ぜながら冷まします。

2回目

10倍 がゆ　**10倍がゆ**（P29）× 1回分

白身魚　**白身魚のすり流し**

材料と作り方　耐熱ボウルに白身魚フリージング（P35）1回分、水大さじ1を加え、ふんわりとラップして電子レンジで1分～1分30秒加熱し、よく混ぜながら冷まします。

memo

白身魚と水だけのシンプルな材料で作るから、魚のうまみをそのまま味わうことができます。キャベツフリージング（P38）と一緒にレンチンしてもおいしい。

他にもおすすめ！ フリージング食材 4

1週間フリージングで紹介している食材以外にも、喜ばれるフリージング食材。
たんぱく質に慣れてきた初期の後半あたりからは、卵黄をとり入れても。

さつまいも

▨ 4回分 ▨

\ ゆでる /

さつまいも ¼ 本は皮を厚めにむき、スライサーで薄くスライスし、水を1回変えて10分ほど水にさらし、アク抜きする。鍋にさつまいも、ひたひたの水を入れ、指でつぶれるくらいにやわらかくなるまでゆでる。

↓

\ フープロで！ /

なめらかなペースト状になるまで撹拌する。

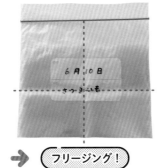

6月10日
さつまいも

→ フリージング！

冷凍用保存袋に入れ、空気を抜くように閉じて平らにのばし、箸などで1回分ずつすじ目をつけ、トレイに入れて冷凍する。

大根

▨ 4回分 ▨

\ 煮る /

大根 ¹⁄₁₀ 本は厚めに皮をむき、スライサーで薄くスライスする。鍋に大根、ひたひたの水を入れ、とろとろになるまでゆでる。

↓

\ フープロで！ /

なめらかなペースト状になるまで撹拌する。

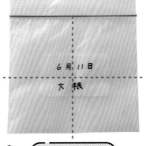

6月11日
大根

→ フリージング！

冷凍用保存袋に入れ、空気を抜くように閉じて平らにのばし、箸などで1回分ずつすじ目をつけ、トレイに入れて冷凍する。

卵黄

▨ 4回分 ▨

\ ゆでる /

沸騰した多めの湯に酢少量を加え、卵1個を入れて20分ゆでる。

↓

\ ほぐす /

殻をむいて黄身を取り出す。黄身と和風だし（P23）大さじ1を少量ずつ加えてペーストにする。

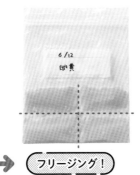

6/12
卵黄

→ フリージング！

冷凍用保存袋に入れ、空気を抜くように閉じて平らにのばし、箸などで4等分にすじ目をつけ、トレイに入れて冷凍する。使うときは割って、少量ずつ使う。

うどん

▨ 4回分 ▨

\ ゆでる /

ゆでうどん60gは熱湯でやわらかくなるまでゆる。

↓

\ フープロで！ /

なめらかなペースト状になるまで撹拌する。

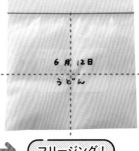

6月12日
うどん

→ フリージング！

冷凍用保存袋に入れ、空気を抜くように閉じて平らにのばし、箸などで1回分ずつすじ目をつけ、トレイに入れて冷凍する。

＊初めて食べさせるときは、ごく少量の黄身を少量の湯やだし汁で、とろとろにしてから与えましょう。

もっとアレンジ！

フリージング離乳食バリエ

1週間フリージングで紹介するメニュー以外にも、組み合わせ次第で広がる離乳食。
フリージングした食材に合わせて、バリエーションを増やしましょう。

2週目〜

かぶのミルクポタージュ

材料

かぶフリージング（P34）
.... 1回分
粉ミルク .... 小さじ¼

作り方

1 耐熱ボウルにかぶフリージング、水大さじ1を入れ、ふんわりとラップをして電子レンジで1分〜1分30秒加熱する。

2 粗熱がとれたら、粉ミルクを加え、よく混ぜながら冷ます。

2週目〜

+ りんごのにんじん煮

材料

りんごフリージング（P31）
.... 1回分
にんじんフリージング（P34）
.... 1回分

作り方

耐熱ボウルにりんごフリージングをすりおろし、にんじんフリージング、水大さじ1を加え、ふんわりとラップをして電子レンジで30秒〜1分加熱し、よく混ぜながら冷ます。

2週目〜

 +

小松菜とバナナのすりおろし

材料

小松菜フリージング（P31）
.... 1回分
バナナフリージング（P35）
.... 1回分

作り方

耐熱ボウルに小松菜フリージング、バナナフリージングをすりおろし、水大さじ1を加え、ふんわりとラップをして電子レンジで30秒〜1分加熱し、よく混ぜながら冷ます。

2週目〜

大根 + 和風だし + うどん

大根のうどんがゆ

材料

大根フリージング（P43）………………………………1回分
和風だしフリージング（P23）………………………1個
うどんフリージング（P43）………………………1回分

作り方

耐熱ボウルに大根フリージング、和風だしフリージング、うどんフリージングを入れ、ふんわりとラップをして電子レンジで2分〜2分30秒加熱し、よく混ぜながら冷ます。

2週目〜

 +

大根 + 野菜だし

大根のミルクポタージュ

材料

大根フリージング（P43）…………………………… 1回分
野菜だしフリージング（P23）………………………1個
粉ミルク………………………………………… 小さじ¼

作り方

耐熱ボウルに大根フリージング、野菜だしフリージングを入れ、ふんわりとラップをして電子レンジで1分30秒〜2分加熱し、粗熱がとれたら粉ミルクを加え、よく混ぜながら冷ます。

2週目〜

キャベツ + さつまいも + うまみだし

キャベツと
さつまいものマッシュ

材料

キャベツフリージング（P38）………………………… 1回分
さつまいもフリージング（P43）……………………… 1回分
うまみだしフリージング（P23）……………………………1個

作り方

耐熱ボウルにキャベツフリージング、さつまいもフリージング、うまみだしフリージングを入れ、ふんわりとラップをして電子レンジで2分〜2分30秒加熱し、よく混ぜながら冷ます。

+ りんご

さつまいもとりんごのマッシュ

材料
さつまいもフリージング（P43）……… 1回分
りんごフリージング（P31）………… 1回分

作り方
1. りんごフリージングはすりおろす。
2. 耐熱ボウルにさつまいもフリージング、1を入れ、ふんわりとラップをして電子レンジで1分〜1分30加熱し、よく混ぜながら冷ます。

2週目〜

 +

さつまいものパンがゆ

材料
さつまいもフリージング（P43）………………………… 1回分
食パンフリージング（P39）………………………………… 1回分
粉ミルク……………………………………………………… 小さじ¼

作り方
1. 食パンフリージングはすりおろす。
2. 耐熱ボウルにさつまいもフリージング、1、水大さじ1を入れ、ふんわりとラップをして電子レンジで1分30秒〜2分加熱する。
3. 2に粉ミルクを加え、よく混ぜながら冷ます。

3週目〜

小松菜としらすのうどんがゆ

材料
小松菜フリージング（P31）………………… 1回分
しらすフリージング（P39）………………… 1回分
うどんフリージング（P43）………………… 1回分
和風だしフリージング（P23）……………… 1個

作り方
1. 小松菜フリージングはすりおろす。
2. 耐熱ボウルに1、しらすフリージング、うどんフリージング、和風だしフリージングを入れ、ふんわりとラップをして電子レンジで2分加熱し、混ぜながら冷ます。

2週目〜

 ＋ にんじん

にんじんのパンがゆ

材料
食パンフリージング（P39）‥‥‥‥‥‥‥‥‥1回分
にんじんフリージング（P34）‥‥‥‥‥‥‥‥1回分

作り方
1　食パンフリージングはすりおろす。
2　耐熱ボウルににんじんフリージング、1、水大さじ1を入れ、ふんわりとラップをして電子レンジで1分〜1分30秒加熱し、よく混ぜながら冷ます。

3週目〜

  ＋ かぶ ＋ 野菜だし

しらすとかぶのスープ煮

材料
しらすフリージング（P39）‥‥‥‥‥‥‥‥1回分
かぶフリージング（P34）‥‥‥‥‥‥‥‥‥1回分
野菜だしフリージング（P23）‥‥‥‥‥‥‥1個

作り方
1　耐熱ボウルにしらすフリージング、かぶフリージング、野菜だしフリージングを入れ、ふんわりとラップをして電子レンジで1分30〜2分加熱する。
2　1をよく混ぜながら冷ます。

5週目〜

 ＋

卵がゆ

材料
卵黄フリージング（P43）‥‥‥‥‥1回分
10倍がゆフリージング（P29）・1回分

作り方
1　耐熱ボウルに卵黄フリージング、10倍がゆフリージング、水大さじ1を入れ、ふんわりとラップをして電子レンジで1分30秒〜2分加熱する。
2　1をよく混ぜながら冷ます。

＊初めて卵黄を食べさせるときは、ごく少量の黄身（P43）を少量の湯やだし汁でとろとろにしたものから与えましょう。

パパとママと
一緒に！

取り分け離乳食 ①

フリージング食材＆レンチン離乳食の他に、大人の料理からの取り分けもおすすめです。

チキンカレー

材料(4人分)
鶏もも肉 ……………………… 1枚	にんじん ……………………… 1本
じゃがいも ……………………… 2個	玉ねぎ ……………………… ½個
	カレールウ ……………………… 4人分

作り方
❶ じゃがいも、にんじんは皮をむき、食べやすい大きさの乱切りにし、玉ねぎは8等分のくし形切りにする。鶏肉は脂を取り除き、食べやすい大きさに切る。

❷ 鍋ににんじん、じゃがいも、鶏肉、水600〜700mlを加えて火にかけ、アクを取りながら沸騰させる。玉ねぎを加え、野菜がやわらかくなるまで煮る。

❸ ❷にカレールウを入れ、とろみがつくまで煮込む。

＼ 取り分け離乳食 ／

初期	中期	後期	完了期

5〜6ヵ月頃	7〜8ヵ月頃	9〜11ヵ月頃	1才〜1才半頃
じゃがいも にんじんがゆ	根菜うどん	肉じゃが丼	赤ちゃんカレー

じゃがいも にんじんがゆ

材料と作り方

❶ 耐熱ボウルに作り方❷から取り分けたじゃがいも、にんじん各10gを入れ、水大さじ2を加え、ふんわりとラップをして電子レンジで1分30秒〜2分加熱して野菜をさらにやわらかくする。

❷ フードプロセッサーに1、10倍がゆ(P29)20gを入れてなめらかになるまで撹拌し、冷まします。

根菜うどん

材料と作り方

❶ 耐熱ボウルに作り方❷から取り分けたじゃがいも、にんじん、玉ねぎ各20gを入れ、うどんフリージング(P53)2個を加える。ふんわりとラップをして電子レンジで1分〜1分30秒加熱する。

❷ 1のじゃがいも、にんじん、玉ねぎをフォークで食べやすい大きさになるまでつぶしながら混ぜ、冷ます。

肉じゃが丼

材料と作り方

❶ 耐熱ボウルに作り方❷から鶏肉は皮を取り除いて20g、じゃがいも、にんじん、玉ねぎ各25g、スープ(カレールウを入れる前のもの)大さじ3を取り分ける。

❷ 1にしょうゆ小さじ½を加え、ふんわりとラップをして電子レンジで30秒〜1分加熱し、沸騰させ、粗くつぶしながら冷ます。

❸ 2を温めた5倍がゆ(P81)にかける。

赤ちゃんカレー

材料と作り方

❶ 耐熱ボウルに作り方❷から取り分けた鶏肉、じゃがいも、にんじん、玉ねぎ各30g、スープ60〜70mlを入れ、子供用カレールウ大さじ½〜1を加えてよく混ぜる。

❷ 1にふんわりとラップをして電子レンジで1分〜1分30秒加熱し、沸騰させる。食べやすい大きさに切りながら混ぜ、冷ます。

❸ 2を温めた軟飯(P105)90gにかける。

食べられる
食材も増える！

Part

3

1日2回食でも
レンチンで
ラクラク！

\\ 中期 //
7〜8ヵ月 頃の
離乳食
アイデア＆レシピ

食べ物をつぶして飲み込むことができるようになり、
少しずつ食べられるものも増えてきました。
1日2回の離乳食もフリージング食材を組み合わせて
レンジで簡単に作りましょう。

素材フリージングを
組み合わせて！

7〜8ヵ月頃の離乳食のきほん

1日2回食が安定し、すっかり離乳食にも慣れてくる時期。
少しずつかたさも調整しながら、ステップアップしていきましょう。

かたさの目安

7倍がゆ

やわらかい粒が少し残るふわふわ状の7倍がゆで。

にんじんペースト

やわらかくゆでて、フードプロセッサーで粗めにかけたペースト状。切るなら2〜3mmのみじん切りに。

進め方

5〜6ヵ月頃の離乳食を上手に飲み込めるようになったら、豆腐ぐらいのかたさに。

おすわりが安定して、ずりばいをするようになる時期。

おっぱいやミルクだけでは栄養が足りなくなるので、食品の数を増やしていきましょう。そして、食材のかたさも豆腐ぐらいの指で軽くつまむとつぶれるものにしていきます。

最初はかたさを5〜6ヵ月頃と同じにして、食材の大きさを変えて様子を見ながら進めていきましょう。赤ちゃんが慣れている食材から挑戦してみるのもよいでしょう。

まだ食べられないなら前の状態に戻せばOK。かたさのイメージがつかないときは、市販のベビーフードを使ってみるのもおすすめ。栄養バランスやかたさの参考になります。

1日のタイムスケジュールの目安

22:00	20:00	18:00	16:00	14:00	12:00	10:00	8:00	6:00	
母乳・ミルク	母乳・ミルク	離乳食2回目		母乳・ミルク		母乳・ミルク	離乳食1回目	母乳・ミルク	2回食

今まで通り、時間帯は変えずに1日2回食で。繰り返して生活リズムを整えましょう。

あると便利! とろみづけ食材
なめらかなペースト状からステップアップするときは、とろみをつけると◎。

片栗粉

だし煮やスープ煮などのように水分の多いものに。同量の水で溶いて加えて。

きな粉

そのまま汁けのあるものに加えるだけ。きな粉の風味は赤ちゃんも大好き。

麩

ビニール袋に入れ、砕いてから加えてとろみづけに。たんぱく質源としても。

とろみのもと

市販のBFを利用するのもおすすめ。とろみの参考にもなります。

キューブフリージング＆レンジでチン！

フリージングは、製氷皿に入れた
キューブ型がおすすめ！ 離乳食のバリエーションが広がります。

テクニック

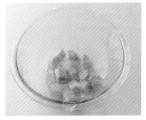

レンチンして…

耐熱ボウルに食材を入れてふんわりとラップをし、電子レンジで加熱。

フープロでガーッ！

粗熱がとれたら、フードプロセッサーにかけて粗めのペースト状に。

フリージング！

数種類の食材をレンチン＆フープロにかけたら、製氷皿に入れて冷凍保存を。

製氷皿に入れてキューブ型に冷凍

製氷皿（1個25g入るもの）に入れて冷凍する。固まったら製氷皿から出し、冷凍用保存袋に入れ、冷凍保存する。

キューブを組み合わせて…

Finish レンチンで完成!!

離乳食を作るときは、2〜3種類のキューブを組み合わせて、耐熱ボウルに入れ、ふんわりラップを。

フリージングで！
7〜8ヵ月頃の献立カレンダー

この時期は、今までのかたさや味に飽きてくる頃なので、
いろいろな食材をフリージングして試してみましょう。

7〜8ヵ月頃の離乳食ステップアップ例

 +  +

1日2回食

炭水化物

7倍がゆをきほんに、パンがゆ、うどん、そうめん、パスタなどのバリエーションを。野菜やたんぱく質と混ぜてワンディッシュにしても。

たんぱく質

豆腐や納豆、白身魚をメインに、鮭やまぐろ、カッテージチーズなども食べられるように。肉なら鶏ささみがおすすめ。

ビタミン・ミネラル

食べられる野菜に加えて、オクラやブロッコリーなどの野菜や海藻類もプラス。とろとろにしたわかめは風味づけにもぴったり。

**「主食+おかず1〜2品」で
肉類もスタートさせて**

この時期の献立は「主食＋おかず1〜2品」がきほん。栄養バランスを考えておかゆなどの主食に、たんぱく質と野菜のおかずを1〜2品。食べる量は個人差があるので、食事時間を10分程度にし、それ以上は無理じいしないようにしましょう。離乳食の時間帯は、毎日決まった時間がベスト。

献立のPOINT3

1

炭水化物、たんぱく質、
ビタミン・ミネラル類を
意識する

離乳食からとる栄養が増えるので、少しずつ栄養バランスを意識しましょう。きほんは主食の炭水化物、主菜のたんぱく質、副菜のビタミン・ミネラルです。

2

いろいろな食材や
調理法を組み合わせて
食べる楽しみを

口をもぐもぐと動かし、食べ物を舌で上あごに押しつけて食べる練習なので、いろいろな食材をとり入れましょう。調味料は使いませんが、食材の組み合わせでバリエーションを広げて。

3

慣れないうちは、
2回食のうち、
1回は量を少なめに

食べる量は個人差があるので、母子手帳の成長曲線に沿っているなら、あまり気にすることはありません。慣れないうちはどちらか1食の量を少なめにして、リズムを大切にしても。

おすすめ！1週間 フリージング食材

part 1

いろいろな食材をとり入れるためにもフリージング食材は多めに作っておくと便利ですが、面倒なときは、野菜の種類を減らすなどして、無理せず、できる範囲に。

炭水化物は3種類！

7倍がゆ

9個分

＼ レンチンで！／

耐熱ボウルにごはん150g、水450mlを入れ、バラバラになるようにかき混ぜる。ラップをしないで電子レンジで10分加熱し、すぐにラップをして15分ほど蒸らす。

↓

フリージング！

製氷皿（1個25g入るもの）に入れて冷凍する。固まったら製氷皿から出し、冷凍用保存袋に入れ、冷凍保存する。

うどん

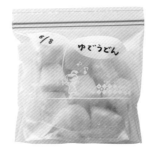

9個分

＼ レンチンで！／

耐熱ボウルにゆでうどん180g（1袋）、かぶるくらいの水を入れ、ふんわりとラップをして電子レンジで8〜10分加熱し、粗熱をとる。

↓

＼ フープロで！／

水を少量加えながら、粗めに撹拌する。

↓

フリージング！

製氷皿（1個25g入るもの）に入れて冷凍する。固まったら製氷皿から出し、冷凍用保存袋に入れ、冷凍保存する。

食パン

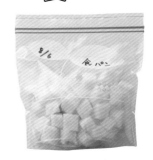

50個分

＼ 切る ／

8枚切りの食パン2枚はキッチンばさみで耳を切り落とし、1.5cm幅に切る。さらに1.5cm角に切る。

↓

フリージング！

冷凍用保存袋に入れ、冷凍保存する。

たんぱく質は2種類！

鶏ささみ

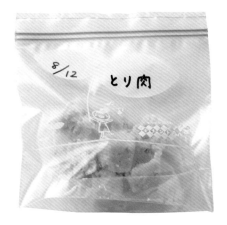

9個分

＼ レンチンで！／

筋を取り除いた鶏ささみ2本は1.5cm幅に切り、耐熱ボウルに入れ、ひたひたの水を加え、ふんわりとラップをして2分〜2分30秒加熱し、そのまま2分ほどおく。

↓

＼ フープロで！／

アクを取り除いたゆで汁を少量加えながら、粗めに撹拌する。

↓

フリージング！

製氷皿に大さじ1（10〜15g）ずつ入れて冷凍する。固まったら製氷皿から出し、冷凍用保存袋に入れ、冷凍保存する。

赤身魚（まぐろ）

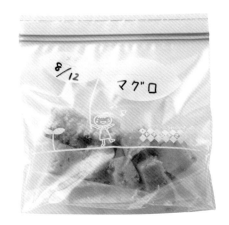

8個分

＼ レンチンで！／

まぐろ赤身（刺身用）7切れは水で洗い、耐熱ボウルに入れ、ひたひたの水を加え、ふんわりとラップをして電子レンジで3分加熱し、そのまま2分ほどおく。

↓

＼ フープロで！／

ゆで汁を少量加えながら、粗めに撹拌する。

↓

フリージング！

製氷皿に大さじ1（10〜15g）ずつ入れて冷凍する。固まったら製氷皿から出し、冷凍用保存袋に入れ、冷凍保存する。

ビタミン・ミネラルは6種類！

グリーンアスパラガス

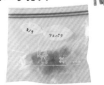

6個分

＼ レンチンで！ ／

グリーンアスパラガス5本は下のかたい部分を切り落とす。皮がかたい場合はピーラーで取り除き、1cm幅に切り、耐熱ボウルに入れ、ひたひたの水を加え、ふんわりとラップをして5分加熱し、そのまま2分ほどおく。

→ **＼ フープロで！ ／**

ゆで汁を少量加えながら、粗めに撹拌する。

→ フリージング！

製氷皿（1個20〜30g入るもの）に入れて冷凍する。固まったら製氷皿から出し、冷凍用保存袋に入れ、冷凍保存する。

トマト

4個分

＼ 皮と種を取る ／

トマト中1個は皮を湯むきし、ヘタと種を取り除き、粗めのざく切りにする。

→ **＼ フープロで！ ／**

粗めに撹拌する。

→ フリージング！

製氷皿（1個20〜30g入るもの）に入れて冷凍する。固まったら製氷皿から出し、冷凍用保存袋に入れ、冷凍保存する。

パプリカ

7個分

＼ 焼く ／

パプリカ1個は種とヘタを取り除き、皮面を上にして耐熱皿にのせ、オーブントースターで焦げ目がつくまで焼き、熱いうちにラップに包み、10分ほどおく。

→ **＼ 皮をむいてフープロ ／**

皮をむき、さっと水洗いしてざく切りにし、粗めに撹拌する。

→ フリージング！

製氷皿（1個20〜30g入るもの）に入れて冷凍する。固まったら製氷皿から出し、冷凍用保存袋に入れ、冷凍保存する。

ピーマン

7個分

＼ レンチンで！ ／

ピーマン3個は種とヘタを取り除き、半分に切り、耐熱ボウルに入れる。ひたひたの水を加え、ふんわりとラップをして電子レンジで3分加熱し、そのまま2分ほどおく。

→ **＼ フープロで！ ／**

ゆで汁を少量加えながら粗めに撹拌する。

→ フリージング！

製氷皿（1個20〜30g入るもの）に入れて冷凍する。固まったら製氷皿から出し、冷凍用保存袋に入れ、冷凍保存する。

ブロッコリー

7個分

＼ レンチンで！ ／

ブロッコリー½個は小房に分けて耐熱ボウルに入れ、ひたひたの水を加え、ふんわりとラップをして電子レンジで3分加熱し、そのまま2分ほどおいて、手でつぶれるくらいのやわらかさにする。

→ **＼ フープロで！ ／**

回りやすくするためにゆで汁を少量加えながら、粒が残る程度に撹拌する。

→ フリージング！

製氷皿（1個20〜30g入るもの）に入れて冷凍する。固まったら製氷皿から出し、冷凍用保存袋に入れ、冷凍保存する。

バナナ

8個分

＼ 切る ／

バナナ1本は皮をむき、内側の繊維も取り除き、1.5cm幅の輪切りにする。

→ フリージング！

冷凍用保存袋に入れて冷凍する。

①回目

 ×2 **7倍がゆ**

材料と作り方　耐熱ボウルに7倍がゆフリージング（P53）2個、水大さじ½を入れ、ふんわりとラップをして電子レンジで2分30秒〜3分加熱し、よく混ぜながら冷ます。

ブロッコリーとトマトの納豆和え

材料と作り方

1　耐熱ボウルにトマトフリージング（P55）、ブロッコリーフリージング（P55）各1個を入れ、ふんわりとラップをして電子レンジで2分加熱し、沸騰させる。

2　1に湯通ししたひきわり納豆10gを加え、よく混ぜながら冷ます。

②回目

 ×2 ＋ パプリカ ＋

イタリアンリゾット

材料と作り方

1　耐熱ボウルに7倍がゆフリージング（P53）2個、パプリカフリージング（P55）、赤身魚（まぐろ）フリージング（P54）各1個を入れ、ふんわりとラップをして電子レンジで2分〜2分30秒加熱し、沸騰させる。

2　1をよく混ぜながら冷まし、カッテージチーズ小さじ1を加えてよく混ぜる。

memo

鮮やかなパプリカで目でも楽しめる離乳食です。まぐろのうまみと、カッテージチーズでコクがおいしい一品。

Tue. | 洋風のふわふわ離乳食で赤ちゃんもごきげんに

1回目

うどん ×2 ＋ アスパラ ＋ 鶏ささみ ＋ うまみだし

アスパラの洋風うどん

材料と作り方

1 耐熱ボウルにうどんフリージング（P53）2個、アスパラフリージング（P55）、鶏ささみフリージング（P54）、うまみだしフリージング（P23）各1個を入れ、ふんわりとラップをして電子レンジで2分〜2分30秒加熱し、沸騰させる。

2 1をよく混ぜながら冷ます。

― ― ― ― ― ― ― ― ― ― ― ―

memo

鶏ささみとうまみだしの風味がやさしく香る、洋風うどん。ちゅるっとした食感のうどんのメニューは赤ちゃんに人気。

2回目

食パン ×8

ミルクパンがゆ

材料と作り方

1 耐熱ボウルに食パンフリージング（P53）8個、水大さじ2を入れ、ふんわりとラップをして電子レンジで1分〜1分30秒加熱し、沸騰させる。

2 1をつぶすように混ぜながら冷まし、粉ミルク小さじ½を加えて混ぜる。

― ― ― ― ― ― ― ― ― ― ― ―

パプリカ

パプリカのフルーツ豆腐

材料と作り方

1 耐熱ボウルにパプリカフリージング（P55）1個、絹ごし豆腐大さじ1を入れ、ふんわりとラップをして電子レンジで1分〜1分30秒加熱し、沸騰させる。

2 1の豆腐をつぶしながら、粗熱をとり、りんごジュース（BF／粉末）1本を加え、冷ます。

memo

甘みの強いパプリカはふわふわの絹ごし豆腐と合わせて甘めに味つけを。ミルクパンがゆと合わせれば、赤ちゃんも大喜びの献立に。

Wed. | 納豆やまぐろのたんぱく質でバランスよく!

   **7倍がゆ**

作り方 ➡ P56

- -

アスパラ ＋ パプリカ ＋ うまみだし

納豆の
カラフルサラダ

材料と作り方

1 耐熱ボウルにアスパラフリージング（P55）、パプリカフリージング（P55）、うまみだしフリージング（P23）各1個、湯通ししたひきわり納豆10gを入れ、ふんわりとラップをして電子レンジで2分〜2分30秒加熱し、沸騰させる。

2 1をよく混ぜながら冷ます。

- -

 うどん ×2 ＋ ピーマン ＋ 赤身魚（まぐろ） ＋ うまみだし

ピーマンと
まぐろのうどんがゆ

材料と作り方

1 耐熱ボウルにうどんフリージング（P53）2個、ピーマンフリージング（P55）、赤身魚（まぐろ）フリージング（P54）、うまみだしフリージング（P23）各1個を入れ、ふんわりとラップをして電子レンジで2分〜2分30秒加熱し、沸騰させる。

2 1をよく混ぜながら冷ます。

- -

memo

やわらかいうどんに、ピーマンとうまみのあるまぐろがよく合う離乳食。だしのうまみも広がっておいしい。

Thu. ほんのり甘いパングラタンと和風の煮物の献立

1回目

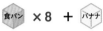

食パン ×8 ＋ バナナ

チーズとフルーツの
パングラタン

材料と作り方

1 耐熱ボウルに食パンフリージング（P53）8個、バナナフリージング（P55）1個、カッテージチーズ小さじ1、水大さじ2を入れ、ふんわりとラップをして電子レンジで1分30秒〜2分加熱し、沸騰させる。

2 1のパンとバナナをくずしながら混ぜ、粗熱がとれたら粉ミルク小さじ½を加えて混ぜる。

memo

食パンとカッテージチーズ、バナナで作った洋風パングラタン。粉ミルクを加えることで、さらにマイルドな味わいに。

2回目

7倍がゆ ×2 **7倍がゆ**

作り方➡P56

アスパラ ＋ 赤身魚（まぐろ） ＋ 野菜だし

まぐろとアスパラと
お麸の煮物

材料と作り方

1 耐熱ボウルに麸2個を入れてスプーンで粉状にし、アスパラフリージング（P55）、赤身魚（まぐろ）フリージング（P54）、野菜だしフリージング（P23）各1個をのせ、ふんわりとラップをして電子レンジで2分〜2分30秒加熱し、沸騰させる。

2 1をよく混ぜながら冷ます。

memo

麸を入れるととろみがつく他、ふわふわの食感に。まぐろとアスパラを麸でふんわりとまとめています。

Fri. パンやうどんに野菜とたんぱく質を組み合わせて

1回目

食パン ×8 ＋ ブロッコリー ＋ バナナ

ブロッコリーと
バナナのミルクがゆ

材料と作り方

1 耐熱ボウルに食パンフリージング（P53）8個、ブロッコリーフリージング（P55）、バナナフリージング（P55）各1個、水大さじ2を入れ、ふんわりとラップをして電子レンジで2分〜2分30秒加熱し、沸騰させ、粗熱をとる。

2 1に粉ミルク小さじ½を加え、よく混ぜながら冷ます。

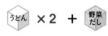

うどん ×2 ＋ 野菜だし

だしうどん

材料と作り方

1 耐熱ボウルにうどんフリージング（P53）2個、野菜だしフリージング（P23）1個を入れ、ふんわりとラップをして電子レンジで2分〜2分30秒加熱し、沸騰させる。

2 1をよく混ぜながら冷ます。

アスパラ ＋ 鶏ささみ ＋ うまみだし

アスパラと鶏と
豆腐のとろとろ煮

材料と作り方

1 耐熱ボウルにアスパラフリージング（P55）、鶏ささみフリージング（P54）、うまみだしフリージング（P23）各1個、絹ごし豆腐大さじ2を入れ、ふんわりとラップをして電子レンジで2分〜2分30秒加熱し、沸騰させる。

2 1に水溶き片栗粉小さじ1を加え、ふんわりとラップをして電子レンジで30秒〜1分加熱し、豆腐をつぶしながらよく混ぜながら冷ます。

memo

とろとろ煮には、うどんの他におかゆを合わせるのもおすすめ。和風だしと食材のうまみで十分おいしい一品に。

2回目

他にもおすすめ！ フリージング食材

食物繊維が豊富なさつまいもとわかめもフリージングしておくと便利。
ゆで卵の黄身は、ごはんやパンがゆにトッピングするのもおすすめ。

さつまいも

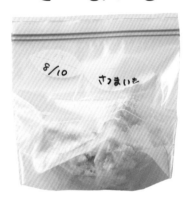

———— 10個分 ————

\ レンチンで！ / → \ つぶす /

さつまいも½本は皮を厚めにむき、1.5cm角に切る。水を1回変えて10分ほど水にさらしてアク抜きし、水けをきって耐熱ボウルに入れ、ふんわりとラップをして電子レンジで3分加熱し、一度取り出してさっと混ぜ、再度ラップをして電子レンジで1分30秒加熱し、そのまま2分ほどおく。

フォークやマッシャーで粗めにつぶす。

フリージング！

製氷皿（1個20〜30g入るもの）に入れて冷凍する。固まったら製氷皿から出し、冷凍用保存袋に入れ、冷凍保存する。

わかめ

———— 6個分 ————

\ レンチンで！ / → \ フープロで！ /

塩蔵わかめ20gは水で塩抜きしながら、やわらかく戻し、茎を除いてざく切りにする。耐熱ボウルに入れてひたひたの水を加え、ふんわりとラップをして電子レンジで3分加熱し、そのまま2分ほどおく。

5mm四方くらいの粗さに撹拌する。

フリージング！

製氷皿（1個20〜30g入るもの）に入れて冷凍する。固まったら製氷皿から出し、冷凍用保存袋に入れ、冷凍保存する。

ゆで卵の黄身

\ 手でもむ /

沸騰した多めの湯に酢少量を加え、卵2個を入れ、8分ゆで、冷水にとる。黄身を冷凍用保存袋に入れ、手でもんで細かくする。

フリージング！

空気を抜くように閉じて平らにのばし、冷凍する。少しずつ（5〜7gずつ）折りながら使用する。

おすすめ！1週間 フリージング食材

part 2

この時期はたんぱく質の食材が増えますが、過剰にとるのは避けましょう。
1回あたりの分量は肉と魚で10〜15g程度。1日2回食でバランスよくとり入れて。

炭水化物は2種類！

7倍がゆ
×2
作り方➡P53

うどん
×2
作り方➡P53

たんぱく質は3種類！

ツナ缶

8個分

\熱湯をかける/
軽く水けをきったツナ水煮缶1缶(80g)
はザルにのせ、熱湯を回しかける。

→ \フープロで！/
熱湯を少量加え、粗めに撹拌する。

→ フリージング！
製氷皿に大さじ1ずつ入れ、冷凍する。
固まったら製氷皿から出し、冷凍用保存
袋に入れ、冷凍保存する。

鮭缶

8個分

\熱湯をかける/
軽く水けをきって骨を取り除いた鮭1
缶(80g)はザルにのせ、熱湯を回しかける。

→ \フープロで！/
熱湯を少量加え、粗めに撹拌する。

→ フリージング！
製氷皿に大さじ1ずつ入れ、冷凍する。
固まったら製氷皿から出し、冷凍用保存
袋に入れ、冷凍保存する。

鶏ささみ

作り方➡P54

ビタミン・ミネラルは6種類！

かぼちゃ

10個分

\ レンチンで！ / かぼちゃ1/8個は皮と種を取り除いて1.5cm角に切り、さっと水にくぐらせ、耐熱ボウルに入れる。ふんわりとラップをして電子レンジで3加熱し、一度取り出してさっと混ぜ、再度ラップをして電子レンジで1分30秒加熱し、そのまま2分ほどおく。

↓

\ つぶす / フォークやマッシャーで粗めにつぶす。

フリージング！ 製氷皿（1個20〜30g入るもの）に入れて冷凍する。固まったら製氷皿から出し、冷凍用保存袋に入れ、冷凍保存する。

オクラ

8個分

\ レンチンで！ / オクラ5本はヘタを切り落として縦半分に切る。耐熱ボウルに入れ、ひたひたの水を加え、ふんわりとラップをして電子レンジで3分加熱し、そのまま2分ほどおく。

↓

\ フープロで！ / 1cm角に撹拌する。

↓

フリージング！ 製氷皿（1個20〜30g入るもの）に入れて冷凍する。固まったら製氷皿から出し、冷凍用保存袋に入れ、冷凍保存する。

ズッキーニ

10個分

\ レンチンで！ / ズッキーニ1本は1cm角に切って耐熱ボウルに入れ、ひたひたの水を加え、ふんわりとラップをして電子レンジで3分加熱し、そのまま2分ほどおく。

→ \ フープロで！ / 粗めに撹拌する。

→ フリージング！

製氷皿（1個20〜30g入るもの）に入れて冷凍する。固まったら製氷皿から出し、冷凍用保存袋に入れ、冷凍保存する。

じゃがいも

8個分

\ レンチンで！ / じゃがいも2個は皮をむいて芽を取り除き、1.5cm角に切る。5分ほど水にさらしてアク抜きし、水けをきって耐熱ボウルに入れ、ふんわりとラップをして電子レンジで3分加熱する。一度取り出してさっと混ぜ、再度ラップをして1分30秒加熱し、そのまま2分ほどおく。

→ \ つぶす / フォークやマッシャーで粗めにつぶす。

→ フリージング！

製氷皿（1個20〜30g入るもの）に入れて冷凍する。固まったら製氷皿から出し、冷凍用保存袋に入れ、冷凍保存する。

ブロッコリー

作り方 ➡P55

わかめ

作り方 ➡P61

Mon. | ネバネバ野菜や鮭缶、青のりなどで変化をつけて

1回目

7倍がゆ ×2 7倍がゆ

作り方➡P56

オクラ + ブロッコリー + 鮭缶

鮭とグリーン野菜の温サラダ

材料と作り方

1. 耐熱ボウルにオクラフリージング（P63）、ブロッコリーフリージング（P55）、鮭缶フリージング（P62）各1個、水大さじ1を入れ、ふんわりとラップをして電子レンジで2分～2分30秒加熱し、沸騰させる。
2. 1にとろみのもと（BF／粉末）1本を加え、よく混ぜながら冷ます。

memo

オクラととろみのもとで、なめらかな口当たりの温サラダ。鮭缶でうまみもたっぷり。丼にして食べても。

2回目

かぼちゃ

青のりとかぼちゃのチーズパンがゆ

材料と作り方

1. 耐熱ボウルにかぼちゃフリージング（P63）1個、耳を切り落とした8枚切り食パン15～20g、カッテージチーズ小さじ1、水大さじ2を入れ、ふんわりとラップをして電子レンジで1分～1分30秒、加熱する。
2. 1にりんごジュース（BF／粉末）1本を加え、パンをつぶすように、よく混ぜながら冷ます。青のり小さじ⅛をかける。

Tue. BFのソースを活用したり、海藻もとり入れて

1回目

うどん ×2 ＋ オクラ ＋ 鶏ささみ

洋風肉野菜うどん

材料と作り方

1 耐熱ボウルにうどんフリージング（P53）2個、オクラフリージング（P63）、鶏ささみフリージング（P54）各1個、ホワイトソース（BF／粉末）1本、水大さじ1を入れ、ふんわりとラップをして電子レンジで2分〜2分30秒加熱し、沸騰させる。

2 1をよく混ぜながら冷ます。

- -

memo

鶏ささみとオクラが入った、栄養満点の一皿です。オクラのとろみとホワイトソースで全体をまとめているから赤ちゃんも食べやすいはず。

2回目

 ×2 ＋ ＋ わかめ ＋ うまみだし

わかめとささみのおかゆ

材料と作り方

1 耐熱ボウルに7倍がゆフリージング（P53）2個、鶏ささみフリージング（P54）、わかめフリージング（P61）、うまみだしフリージング（P23）各1個を入れ、ふんわりとラップをして電子レンジで2分〜2分30秒加熱し、沸騰させる。

2 1をよく混ぜながら冷ます。

- -

 ×2＋ ズッキーニ ＋ 野菜だし

ズッキーニとかぼちゃの
マッシュ

材料と作り方

1 耐熱ボウルにかぼちゃフリージング（P63）2個、ズッキーニフリージング（P63）、野菜だしフリージング（P23）各1個を入れ、ふんわりとラップをして、電子レンジで2分〜2分30秒加熱し、沸騰させる。

2 1を混ぜながら冷ます。

Wed. 粉ミルクでマイルドに、ツナ缶でうまみを感じて

 1回目

 7倍がゆ ×2 ミルクがゆ

材料と作り方

1. 耐熱ボウルに7倍がゆフリージング（P53）2個を入れ、ふんわりとラップをして電子レンジで2分～2分30秒加熱し、沸騰させる。
2. 1をよく混ぜながら冷まし、粉ミルク小さじ½を加えてよく混ぜる。

ブロッ コリー ＋ じゃが いも ＋ うまみ だし

ブロッコリーの マッシュ

材料と作り方

1. 耐熱ボウルにブロッコリーフリージング（P55）、じゃがいもフリージング（P63）、うまみだしフリージング（P23）各1個を入れ、ふんわりとラップをして電子レンジで2分～2分30秒加熱し、沸騰させる。
2. 1をよく混ぜながら冷ます。

memo

粉ミルクを使ったマイルドなミルクがゆと、ぽってりとした口当たりのブロッコリーのマッシュは、赤ちゃんも好きな組み合わせ。

2回目

 7倍がゆ ×2 **7倍がゆ**

作り方➡P56

 ズッキーニ ×2＋ ツナ缶 ＋ 和風 だし

ズッキーニとツナの煮物

材料と作り方

1. 耐熱ボウルにズッキーニフリージング（P63）2個、ツナ缶フリージング（P62）、和風だしフリージング（P23）各1個を入れ、ふんわりとラップをして電子レンジで2分～2分30秒加熱し、沸騰させる。
2. 1に水溶き片栗粉小さじ1を加え、よく混ぜながら冷ます。

memo

7倍がゆにはお好みで、青のりを少量トッピングしても。手軽に彩りをアップできます。

Thu. 納豆やオクラで食べやすく！　便秘解消にも◎

1回目

ミルクパンがゆ

材料と作り方

1. 耐熱ボウルに8枚切り食パン½枚分、水大さじ2を加え、ふんわりとラップをして電子レンジで40秒〜1分加熱し、沸騰させる。
2. 1を混ぜながら冷まし、粉ミルク小さじ½を加えて混ぜる。

ズッキーニ ＋ ブロッコリー

納豆温サラダ

材料と作り方

1. 耐熱ボウルにズッキーニフリージング（P63）、ブロッコリーフリージング（P55）各1個、湯通ししたひきわり納豆10g、水大さじ1を入れ、ふんわりとラップをして電子レンジで2分〜2分30秒加熱し、沸騰させる。
2. 1に和風だし（BF／粉末）1本を加え、よく混ぜる。

memo

納豆温サラダはたんぱく質と野菜が食べられて、栄養バランス満点の一皿に。パンがゆとの組み合わせはもちろん、7倍がゆやうどんともよく合います。

 うどん ×2＋ 和風だし

だしうどん

材料と作り方

1. 耐熱ボウルにうどんフリージング（P53）2個、和風だしフリージング（P23）1個を入れ、ふんわりとラップをして電子レンジで2分〜2分30秒加熱し、沸騰させる。
2. 1をよく混ぜながら冷ます。

オクラ ＋ じゃがいも ×2＋ うまみだし

オクラの
とろとろチーズマッシュ

材料と作り方

1. 耐熱ボウルにオクラフリージング（P63）1個、じゃがいもフリージング（P63）2個、うまみだしフリージング（P23）1個、カッテージチーズ小さじ1を入れ、ふんわりとラップをして電子レンジで2分〜2分30秒加熱し、沸騰させる。
2. 1をよく混ぜながら冷ます。

2回目

とろみがついて食べやすいおかゆとあんかけ

1回目

オクラとささみのおかゆ

材料と作り方

1 耐熱ボウルに7倍がゆフリージング（P53）2個、オクラフリージング（P63）、鶏ささみフリージング（P54）、和風だしフリージング（P23）各1個を入れ、ふんわりとラップをして電子レンジで2分〜2分30秒加熱し、沸騰させる。

2 1によく混ぜながら冷ます。

＿＿＿＿＿＿＿＿＿＿＿＿＿＿＿＿＿＿＿

memo

フリージング食材をレンチンしたこの一皿で、炭水化物、たんぱく質、野菜が食べられる簡単メニュー。鶏ささみはツナなどに代えてもおいしい。

2回目

  7倍がゆ

作り方➡P56

ブロッコリーの鮭あんかけ

材料と作り方

1 耐熱ボウルにブロッコリーフリージング（P55）、鮭缶フリージング（P62）、和風だしフリージング（P23）各1個を入れ、ふんわりとラップをして電子レンジで1分30秒〜2分加熱し、沸騰させる。

2 1に水溶き片栗粉小さじ1を加えてよく混ぜ、さらに電子レンジで30〜40秒加熱し、よく混ぜながら冷ます。

＿＿＿＿＿＿＿＿＿＿＿＿＿＿＿＿＿＿＿

memo

とろみのあるあんかけは、赤ちゃんも食べやすいメニューです。鮭缶をツナや鶏ささみに代えて作ってもおいしいのでおすすめです。

他にもおすすめ！ フリージング食材

残りの2週間は、かぶやにんじん、玉ねぎのフリージングをしてみましょう。
カルシウム、鉄分の豊富な高野豆腐もたんぱく質補給におすすめです。

高野豆腐

10個分

＼戻して切る／

高野豆腐2枚は水で戻して手で水けを絞り、1cm角に切る。

↓

＼フープロで！／ → フリージング！

粗めに撹拌する。

製氷皿に5gずつ入れて冷凍する。固まったら製氷皿から出し、冷凍用保存袋に入れ、冷凍保存する。

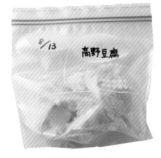

かぶ

9個分

＼レンチンで！／

かぶ1個は皮をむいて1cm角に切り、葉は1cm幅に切る。耐熱ボウルに入れ、ひたひたの水を加え、ふんわりとラップをして電子レンジで2〜3分加熱し、そのまま2分ほどおく。

↓

＼フープロで！／ → フリージング！

粗めに撹拌する。

製氷皿（1個20〜30g入るもの）に入れて冷凍する。固まったら製氷皿から出し、冷凍用保存袋に入れ、冷凍保存する。

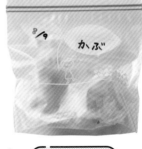

玉ねぎ

10個分

＼レンチンで！／

玉ねぎ1個は1cm角に切り、耐熱ボウルに入れ、ひたひたの水を加え、ふんわりとラップをして電子レンジで3分加熱し、そのまま2分ほどおく。

↓

＼フープロで！／ → フリージング！

粗めに撹拌する。

製氷皿（1個20〜30g入るもの）に入れて冷凍する。固まったら製氷皿から出し、冷凍用保存袋に入れ、冷凍保存する。

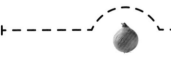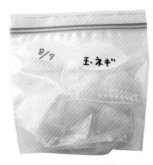

にんじん

7個分

＼レンチンで！／

にんじん1本は皮をむいて1cm角に切り、耐熱ボウルに入れる。ひたひたの水を加え、ふんわりラップをして電子レンジで3分加熱し、そのまま2分ほどおく。

↓

＼フープロで！／ → フリージング！

粗めに撹拌する。

製氷皿（1個20〜30g入るもの）に入れて冷凍する。固まったら製氷皿から出し、冷凍用保存袋に入れ、冷凍保存する。

もっとアレンジ！

フリージング離乳食バリエ

数種類のフリージング食材をポン！　と出してレンジでチンするだけ！
献立ページで紹介している離乳食以外にも、バリエーションが広がります。

7倍がゆ ×2＋和風だし　納豆ごはん

材料

A ┌ 7倍がゆフリージング（P53）
　│ 2個
　└ 和風だしフリージング（P23）
　　 .... 1個
ひきわり納豆 小さじ2
青のり .... 小さじ¼

作り方

1 耐熱ボウルにAを入れ、ふんわりと
ラップをして電子レンジで2分〜2分
30秒加熱し、沸騰させ、冷ます。
2 ひきわり納豆は茶こしに入れ、熱湯を
通す。
3 1に2を入れて混ぜ、青のりをかける。

memo

ひきわり納豆は、そのまま製氷器に入れて
フリージングしておいても便利。まとめて
買ったときなどに。

7倍がゆ ×2＋鶏ささみ＋わかめ＋うまみだし

わかめとささみのおかゆ

材料

7倍がゆフリージング（P53）............. 2個
鶏ささみフリージング（P54）............. 1個
わかめフリージング（P61）............. 1個
うまみだしフリージング（P23）............ 1個

memo

うまみたっぷりでやさしい味わいのおか
ゆ。野菜のみの離乳食を1品組み合わせ
た献立にすると、バランスよくなります。

作り方

1 耐熱ボウルに全ての材料を
入れ、ふんわりとラップをし
て電子レンジで2分〜2分
30秒加熱し、沸騰させる。
2 1をよく混ぜながら冷ます。

うどん ×2＋ピーマン＋赤身魚（まぐろ）＋うまみだし

ピーマンとまぐろのうどんがゆ

材料

うどんフリージング（P53）............. 2個
ピーマンフリージング（P55）............. 1個
赤身魚（まぐろ）フリージング（P54）... 1個
うまみだしフリージング（P23）............ 1個

作り方

1 耐熱ボウルに全ての材料を
入れ、ふんわりとラップをし
て電子レンジで2分〜2分
30秒加熱し、沸騰させる。
2 1をよく混ぜながら冷ます。

アスパラ ＋ 玉ねぎ ＋ 鮭缶

アスパラと鮭のクリーム煮

材料

A	アスパラフリージング（P55）	1個
	玉ねぎフリージング（P69）	1個
	鮭缶フリージング（P62）	1個
ホワイトソース（BF／粉末）		1本

作り方

1 耐熱ボウルにAを入れ、ふんわりとラップをして電子レンジで2分〜2分30秒加熱し、沸騰させる。

2 1にホワイトソースを加え、よく混ぜながら冷ます。

電子レンジで鮭、アスパラ、玉ねぎを加熱後、BFのホワイトソースを加えてよく混ぜて。

パプリカ ＋ わかめ ＋ 赤身魚（まぐろ）＋ うまみだし

まぐろとわかめのパプリカ和え

材料

A	パプリカフリージング（P55）	1個
	わかめフリージング（P61）	1個
	赤身魚（まぐろ）フリージング（P54）	1個
	うまみだしフリージング（P23）	1個
とろみのもと（BF／粉末）		⅓〜½本

作り方

1 耐熱ボウルにAを入れ、ふんわりとラップをして電子レンジで2分〜2分30秒加熱し、沸騰させる。

2 1にとろみのもとを加えてよく混ぜて溶かし、冷ます。

パプリカ ＋ さつまいも ＋ 野菜だし

パプリカとさつまいものポタージュ

材料

パプリカフリージング（P55）		1個
さつまいもフリージング（P61）		1個
野菜だしフリージング（P23）		1個

作り方

1 耐熱ボウルに全ての材料を入れ、ふんわりとラップをして電子レンジで2分〜2分30秒加熱し、沸騰させる。

2 1をよく混ぜながら冷ます。

memo

甘みの強いパプリカとやさしい甘みのさつまいもがマッチした一品。さつまいものなめらかな口あたりで、赤ちゃんにも人気。

食パン ×8 ＋ ツナ缶

シーフードチャウダーパンがゆ

材料

A ┌ 食パンフリージング（P53）········· 8個
　└ ツナ缶フリージング（P62）········· 1個
ホワイトソース（BF ／粉末）············· 1本

作り方

1 耐熱ボウルに**A**、水大さじ2を入れ、ふ
　んわりとラップをして、電子レンジで1
　分〜1分30秒加熱し、沸騰させ、粗熱
　をとる。

2 1にホワイトソースを加え、よく混ぜなが
　ら冷ます。

memo

市販の粉末タイプのBF
は常備しておくと便利で
す。ホワイトソースの他
にも、果汁やだしなども
あるので、ストックして
おくと手軽に使えます。

にんじん ＋ さつまいも ＋ 赤身魚（まぐろ） ＋ 野菜だし
 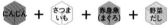

まぐろとにんじんとさつまいもの煮物

材料

にんじんフリージング（P69）····································· 1個
さつまいもフリージング（P61）··································· 1個
赤身魚（まぐろ）フリージング（P54）···························· 1個
野菜だしフリージング（P23）····································· 1個

作り方

1 耐熱ボウルに全ての材料を入れ、ふんわりとラップをし
　て電子レンジで2分〜2分30秒加熱し、沸騰させる。

2 1をよく混ぜながら冷ます。

memo

にんじんとさつまいもの自然な甘みで、魚もおいしく。まぐ
ろはパサパサしがちなので、よく混ぜてから与えましょう。

かぼちゃ ×2 ＋ ズッキーニ ＋ 野菜だし

ズッキーニとかぼちゃのマッシュ

材料

かぼちゃフリージング（P63）············· 2個
ズッキーニフリージング（P63）··········· 1個
野菜だしフリージング（P23）············· 1個

作り方

1 耐熱ボウルに全ての材料を入れ、ふん
　わりとラップをして、電子レンジで2分
　〜2分30秒加熱し、沸騰させる。

2 1をよく混ぜながら冷ます。

memo

かぼちゃにズッキーニを
加えることで、さっぱり
とした味わいに。粉末の
BF のりんご果汁などを
加えてもおいしいです。

オクラとかぶのすり流し

材料

オクラフリージング（P63）……………1個
かぶフリージング（P69）……………1個
和風だしフリージング（P23）…………1個

作り方

1　耐熱ボウルに全ての材料を入れ、ふんわりとラップをして電子レンジで2分〜2分30秒加熱し、沸騰させる。

2　1をよく混ぜながら冷ます。

memo
やわらかいかぶと、とろみのあるオクラで喉越しのよい一品です。食欲がないときでも食べやすいので、病中病後の食事としても。

わかめと高野豆腐のとろとろ煮

材料

A
わかめフリージング（P61）………………1個
高野豆腐フリージング（P69）………………1個
和風だしフリージング（P23）………………1個
とろみのもと（BF／粉末）………………1本

作り方

1　耐熱ボウルにAを入れ、ふんわりとラップをして電子レンジで2分〜2分30秒加熱し、沸騰させる。

2　1にとろみのもとを加えてよく混ぜて溶かし、冷ます。

パサつきがちな高野豆腐ですが、BFのとろみのもとを使えば食べやすくなります。和風の献立におすすめのおかずです。

「だしポット」で作る水だしのススメ

「だしポット」で作る簡単「水だし」の紹介です。ポットがあれば、かつお節と昆布に水を注いで一晩おくだけでOKです。

1 昆布とかつお節をカゴに入れる

だしポットのカゴに昆布2cm角　とかつお節1パック（2〜2.5g）を入れる。

2 水につけて冷蔵庫で一晩おく

1をだしポットにセットして水500〜700mlを注いでふたをし、冷蔵庫に入れて一晩おく。使うときは、そのまま注ぐだけでOK。冷蔵で3日保存でき、残ったら家族のだしに使える。

高野豆腐とオクラの
とろとろスープ

材料

オクラフリージング（P63）………………………	1個
高野豆腐フリージング（P69）……………………	1個
和風だしフリージング（P23）……………………	1個

作り方

1 耐熱ボウルに全ての材料を入れ、ふんわりとラップをして電子レンジで2分〜2分30秒加熱し、沸騰させる。

2 1をよく混ぜながら冷ます。

かぼちゃ ＋ にんじん ＋ ツナ缶

ツナとかぼちゃと
にんじんのサラダ

材料

かぼちゃフリージング（P63）……………………	1個
にんじんフリージング（P69）……………………	1個
ツナ缶フリージング（P62）……………………	1個

作り方

1 耐熱ボウルに全ての材料と水大さじ1を入れ、ふんわりとラップをして電子レンジで2分〜2分30秒加熱し、沸騰させる。

2 1をよく混ぜながら冷ます。

memo

かぼちゃとにんじんの緑黄色野菜は、赤ちゃんの免疫力を高める効果が。ツナが入っているから、たんぱく質も補給できます。

ブロッコリー ＋ じゃがいも ×2＋ 野菜だし

チーズとブロッコリーのマッシュポテト

材料

	ブロッコリーフリージング（P55）………	1個
A	じゃがいもフリージング（P63）………	2個
	野菜だしフリージング（P23）…………	1個
カッテージチーズ…………………………	小さじ1

memo

カッテージチーズも製氷皿に入れてフリージングしておいても OK。野菜や魚の風味づけなどにも最適です。

作り方

1 耐熱ボウルにAを入れ、ふんわりとラップをして電子レンジで2分〜2分30秒加熱し、沸騰させる。

2 1にカッテージチーズを加え、よく混ぜながら冷ます。

ズッキーニ ＋ トマト ＋ 野菜だし ＋ 食パン

ズッキーニのガスパチョ風

材料

A ┌ ズッキーニフリージング（P63）…………………… 1個
　├ トマトフリージング（P55）…………………………… 1個
　└ 野菜だしフリージング（P23）……………………… 1個
　食パンフリージング（P53）…………………………… 1個

作り方

1 耐熱ボウルにAを入れ、ふんわりとラップをして電子レンジで2分〜2分30秒加熱し、沸騰させる。

2 1に食パンフリージングをくずしながら加えて混ぜ、冷ます。

うどん ×2 ＋ 玉ねぎ ＋ にんじん ＋ 野菜だし

野菜うどん

材料

うどんフリージング（P53）………………… 2個
玉ねぎフリージング（P69）………………… 1個
にんじんフリージング（P69）……………… 1個
野菜だしフリージング（P23）……………… 1個

作り方

1 耐熱ボウルに全ての材料を入れ、ふんわりとラップをして電子レンジで2分〜2分30秒加熱し、沸騰させる。

2 1をよく混ぜながら冷ます。

memo

玉ねぎとにんじんの自然な甘みと野菜のだしがおいしいうどんです。食べづらそうなときは、とろみをつけてあげても。

うどん ×2 ＋ かぼちゃ ＋ 玉ねぎ ＋ 高野豆腐 ＋ 和風だし

高野豆腐のほうとううどん

材料

うどんフリージング（P53）………… 2個
かぼちゃフリージング（P63）……… 1個
玉ねぎフリージング（P69）………… 1個
高野豆腐フリージング（P69）…… 1個
和風だしフリージング（P23）……… 1個

作り方

1 耐熱ボウルに全ての材料を入れ、ふんわりとラップをして電子レンジで2分〜2分30秒加熱し、沸騰させる。

2 1をよく混ぜながら冷ます。

memo

高野豆腐のたんぱく質と、2種類の野菜で栄養バランスのよい離乳食。同じフリージング野菜がないときは、別の野菜でアレンジしても。

パパとママと
一緒に！

取り分け離乳食 ②

野菜と肉、魚がバランスよく食べられる鍋料理は、取り分けるのに最適なメニュー。

寄せ鍋

材料(4人分)

豚ロースしゃぶしゃぶ用肉
‥‥‥‥‥‥‥‥‥ 250g
白身魚・鮭‥‥‥‥ 各2切れ
えび‥‥‥‥‥‥‥‥‥ 2尾
白菜‥‥‥‥‥‥‥‥‥ ⅛個
小松菜‥‥‥‥‥‥‥‥ ⅓株

長ねぎ‥‥‥‥‥‥‥‥ ½本
しいたけ‥‥‥‥‥‥‥ 2枚
えのきだけ‥‥‥‥ ½パック
にんじん(花型に切ったもの)
‥‥‥‥‥‥‥‥‥‥‥ 3枚
だし汁‥‥‥‥ 600～800ml
塩‥‥‥‥‥‥‥‥‥‥ 少々

作り方

❶ 豚肉、白身魚、鮭はさっと湯通しする。えびは殻の上から竹串で背わたを取り除く。具材はそれぞれ食べやすい大きさに切る。

❷ 鍋に塩以外の材料を入れて火にかけ、火が通るまで加熱する。

❸ 塩で味をととのえる。

〳 取り分け離乳食 〵

《初期》

5～6ヵ月頃

白身魚と
白菜のおかゆ

材料と作り方

① 作り方❶の煮る前の白菜の葉15gと白身魚10gを取り分け、白身魚は湯通しする。

② 耐熱ボウルに細かく切った1、ひたひたの水を入れ、ふんわりとラップをして電子レンジで2～3分加熱する。

③ 2に10倍がゆ(P29)を加え、ふんわりとラップをして電子レンジで1分30秒～2分加熱し、混ぜながら冷ます。

《中期》

7～8ヵ月頃

鮭と白菜の
とろとろうどん

材料と作り方

① 作り方❶の煮る前の白菜の葉、にんじん、鮭各15gを取り分け、鮭は湯通しする。

② 耐熱ボウルに細かく切った1、ひたひたの水、うどんフリージング(P53)2個を入れ、ふんわりとラップをして電子レンジで1分30秒～2分加熱し、混ぜながら冷ます。

《後期》

9～11ヵ月頃

やわらか
みそ煮込みうどん

材料と作り方

① 作り方❷の煮えた豚肉、小松菜、えのきだけ各20gを器に取り分け、キッチンばさみで食べやすい大きさに切り、冷ます。

② 1にみそ小さじ¼、うどんフリージング(P97)1個、煮汁大さじ2を加え、ふんわりとラップをして電子レンジで2分～2分30秒加熱し、混ぜながら冷ます。

《完了期》

1才～1才半頃

赤ちゃん
寄せ鍋

材料と作り方

① 作り方❷の煮えた豚肉20g、えび10g、白菜25g、しいたけ15gを器に取り分け、キッチンばさみで食べやすい大きさに切る。

② 1に煮汁大さじ2、水大さじ1、みそ小さじ⅓を加えて混ぜる。

③ 軟飯(P105)90gで小さなおにぎりを作り、添える。

角切り＆
細切りゆで野菜も
フリージング！

Part

4

手づかみで
食べやすい
おかずも！

\\ 後期 //

9〜11ヵ月頃の
離乳食
アイデア＆レシピ

いよいよ3回食になります。手づかみで食べようとしたり、
味覚が発達してくる時期です。
手で持って食べやすいものや、
味つけに変化をつけながら、
バリエーションを増やしましょう。

麺、卵、根菜、
海藻メニューも
たくさん！

後期
9〜11ヵ月 頃の離乳食のきほん

唇を閉じて上手に食べられるようになったら、
1日3回食に進みましょう。手づかみ食べも始めてみて。

進め方

唇を閉じて口をモグモグ動かして食べるようになったら、1日3回食に。

豆腐ぐらいのかたさの食べ物を、口を閉じて上手に食べられるようになったら、9〜11ヵ月頃の離乳食に進みましょう。そして1日3回食にします。

生活リズムを整えながら、離乳食との間は3〜4時間は空けましょう。最初は今までの2回食の時間帯と夕方の3回に。慣れたら家族と一緒の時間に食べましょう。好奇心が旺盛になるので、「手づかみ食べ」が始まります。

栄養面では鉄が不足しがちになるので、レバーやほうれん草、まぐろ、牛肉、豆製品などの鉄を多く含む食材をとり入れましょう。

かたさの目安

5倍がゆ
指でつまんでつぶれるぐらいのバナナのようなかたさ。ごはんのつぶつぶが残るぐらい。

スティックにんじん
5mm角の棒状をやわらかくゆでたもの。指で押しつぶせるぐらいのかたさ。

1日のタイムスケジュールの目安

	22:00	20:00	18:00	16:00	14:00	12:00	10:00	8:00	6:00
今までの2回食に1回食をプラスして。慣れてきたら、朝、昼、夜と大人と同じ時間帯に。		母乳・ミルク	離乳食3回目	母乳・ミルク	離乳食2回目	母乳・ミルク	離乳食1回目	母乳・ミルク	母乳・ミルク（慣れるまで） 3回食

9ヵ月頃から使える調味料　少量なら、塩、みそ、しょうゆ、マヨネーズ、ケチャップなどもOK。

塩・砂糖	しょうゆ	みそ	マヨネーズ	バター	ケチャップ（無添加のもの）

78

キューブフリージング＆レンジでチン！

大きさや形が違う食材をまとめてフリージング。
組み合わせてレンチンするだけで、1品でき上がり！

テクニック 1

切ってレンチン！

5mm角の棒状に切ったにんじんを耐熱ボウルに入れて、レンチンでやわらかくゆでて。

はかってフリージング！

1回分ずつはかって、容器に並べ、そのままフリージングを。凍ったら冷凍保存袋へ。

テクニック 2

魚や肉はミンチにして…

そのまま冷凍もできますが、フープロでミンチにすると食べやすいのでおすすめ。

丸めてレンチン＆フリージング！

赤ちゃんのひと口大に丸め、耐熱皿に並べてレンチンした後、粗熱をとったら冷凍保存袋へ。

キューブを組み合わせて…

数種類の食材キューブとだしキューブを合わせてレンチンするだけで完成！

Finish レンチンで完成！！

後期 // フリージングで！
9〜11ヵ月頃の献立カレンダー

> 3回食に慣れたら大人と同じ時間帯に！

1日3回食にして、食事からも栄養をとる時期に。
献立も栄養バランスを考えたものにしていきましょう。

9〜11ヵ月頃の離乳食ステップアップ！

 **＋**  **＋**

炭水化物

5倍がゆをメインに、うどん、そうめん、パスタなどもとり入れて、バラエティー豊かに。トーストも手づかみしやすくておすすめです。

たんぱく質

鶏ささみに鶏むね＆もも肉や豚肉、牛肉、白身魚に、赤身魚、青魚も食べられるように。少量の調味料と焼く、炒めるなど調理法の工夫を。

ビタミン・ミネラル

今までの野菜に加えて、きのこやひじき、ごぼうなど食べられる種類も豊富に。副菜にはフルーツも添えるとビタミン補給になるのでおすすめ。

1日3回食

栄養バランスを考えた食事をしましょう

9ヵ月頃からは、母乳やミルクからの栄養だけでは不足するので、食事からも栄養をとる時期に。献立を考えるときは、炭水化物とたんぱく質、ビタミン・ミネラルを組み合わせるようにしましょう。毎回きっちり揃えなくても、2〜3日程度で栄養バランスが偏ってないかをチェックする程度で大丈夫です。

献立のPOINT3

 1

手づかみ食べがしやすい工夫で食べる意欲を刺激して

食べ物への興味から、手づかみ食べが始まります。手にもって前歯でかじりとれるものを与えましょう。スティック状のゆで野菜やコロコロ状のおかずなどがおすすめ。

 2

鉄不足にならないような献立にして

9ヵ月頃から、貧血になりやすいので、鉄の豊富なレバー、赤身肉、ほうれん草などをとり入れた献立にしましょう。レバーの扱いが苦手ならベビーフードを利用してもOK。

 3

調味料を少量ずつとり入れて味のバリエーションを

今までは、ゆでる、煮るが中心の調理法でしたが、油を使った焼き物、炒め物もOKに。塩やしょうゆ、みそなど少量の調味料も使えるようになります。あくまでもごく薄味にしましょう。

おすすめ！1週間 フリージング食材

part 1

栄養バランスを考えた食事を1日3回考えるのはとにかく大変！
週末に少し頑張ってフリージングをして、平日にラクしちゃいましょう。

炭水化物は3種類！

5倍がゆ

8個分

\ レンチンで！ /

耐熱ボウルにごはん250g、水500ml を入れ、ふんわりとラップをして電子レンジで7〜8分加熱し、そのまま5分ほどおく。

または…

12個分

\ 炊飯器で！ /

炊飯釜に米1合を入れ、1合のおかゆの目盛りまで水を加え、炊く。

↓

フリージング！

5倍がゆが冷めたら、80〜90gずつ保存容器に入れる、またはラップに包んで冷凍保存袋に入れ、冷凍保存する。

春雨

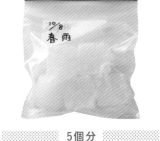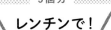

5個分

\ レンチンで！ /

耐熱ボウルに春雨（乾燥）40g、かぶるくらいの熱湯を入れ、やわらかくなったらふんわりとラップをして電子レンジで5分加熱し、そのまま2分ほどおく。

\ フープロで！ /

細かくなるまで撹拌する。

↓

フリージング！

50〜60gずつ保存容器に入れて冷凍する。固まったら保存容器から出し、冷凍用保存袋に入れ、冷凍保存する。

中華麺

6個分

\ レンチンで！ /

中華麺2玉は湯通しして耐熱ボウルに入れ、ひたひたの水を加え、ふんわりとラップをして電子レンジで8分加熱する。水で洗い、水けをきる。

\ フープロで！ /

1.5〜2cm幅になるまで撹拌する。

↓

フリージング！

50〜60gずつ保存容器に入れて冷凍する。固まったら保存容器から出し、冷凍用保存袋に入れ、冷凍保存する。

たんぱく質は3種類！

	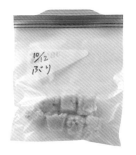	

鶏もも肉

〜〜 6個分 〜〜

＼ レンチンで！／

鶏もも肉100gは皮と脂を取り除き、1.5cm幅に切って耐熱ボウルに入れ、ひたひたの水を加え、ふんわりとラップをして電子レンジで3分加熱し、そのまま2分おく。

皮と脂はキッチンばさみを使って取り除くと簡単。

↓

＼ フープロで！／

アクを取り除いたゆで汁少量を加えながら、粗めに撹拌する。

↓

フリージング！

ゆで汁少量と一緒に10〜15gずつ製氷皿に入れて冷凍する。固まったら製氷皿から出し、冷凍用保存袋に入れ、冷凍保存する。

ぶり

〜〜 7個分 〜〜

＼ レンチンで！／

ぶり2切れ（正味100g）は皮、血合い、骨を取り除き、1cm幅に切り、耐熱ボウルに入れる。ひたひたの水を加え、ふんわりとラップをして電子レンジで3分加熱する。

皮と血合いは包丁で切り落としてから使いましょう。

↓

＼ ほぐす ／

フォークで粗くほぐす。

↓

フリージング！

10〜15gずつ製氷皿に入れて冷凍する。固まったら製氷皿から出し、冷凍用保存袋に入れ、冷凍保存する。

あじ

〜〜 10個分 〜〜

＼ フープロで！／

刺身用あじ100gは骨があれば取り除き、1.5cm幅に切ってフードプロセッサーに入れる。みじん切りにした長ねぎ大さじ2、片栗粉大さじ½を加え、全体がしっかり混ざるまで撹拌する。

キッチンばさみで切りながらフープロに入れるとラク。

↓

＼ レンチンで！／

1cmくらいの大きさに平たく丸め、クッキングシートを敷いた耐熱皿に並べる。クッキングシート持ち上げて下に水大さじ1と½を入れ、ふんわりとラップをして電子レンジで5分加熱し、そのまま2分ほどおき、粗熱をとる。

↓

フリージング！

冷凍用保存袋に入れて冷凍保存する。

ビタミン・ミネラルは6種類!

枝豆

7個分

＼レンチンで!／

枝豆（正味）100gは房から豆を取りだし、薄皮も取り除き、耐熱ボウルにひたひたの水と一緒に入れ、ふんわりとラップをして電子レンジで5分加熱し、そのまま2分おく。

→ ＼フープロで!／

粗めに撹拌する。

→ フリージング!

10〜15gずつ製氷皿に入れて冷凍する。固まったら製氷皿から出し、冷凍用保存袋に入れ、冷凍保存する。

里いも

6個分

＼レンチンで!／

上下を切り落とした里いも2個は、ペーパータオルで包んで水でぬらし、ラップで包んで電子レンジで3〜4分、中心を竹串で刺してすっと通るまで加熱し、そのまま2分ほどおく。

→ ＼切る／

皮をむき、1cm角に切る。

→ フリージング!

20〜30gずつ製氷皿に入れて冷凍する。固まったら製氷皿から出し、冷凍用保存袋に入れ、冷凍保存する。

小松菜

4個分

＼レンチンで!／

小松菜（葉のみ）1株分はざく切りにし、耐熱ボウルにひたひたの水と一緒に入れ、ふんわりとラップをして電子レンジで5分加熱し、そのまま2分ほどおく。

→ ＼フープロで!／

粗みじん切りになるまで撹拌する。

→ フリージング!

20gずつ製氷皿に入れて冷凍する。固まったら製氷皿から出し、冷凍用保存袋に入れ、冷凍保存する。

にんじん

4個分

＼切る／

にんじん1本は皮をむき、5mm角の棒状に切る。

→ ＼レンチンで!／

耐熱ボウルに入れ、ひたひたの水を加え、ふんわりとラップをして電子レンジで5分加熱し、そのまま2分ほどおいたら、冷ます。

→ フリージング!

20〜30gずつラップに包み、冷凍用保存袋に入れて冷凍する。

さつまいも

6個分

＼レンチンで!／

さつまいも½本は1.5cm幅の輪切りにし、皮を厚めにむき、1回水を変えて10分ほど水にさらす。輪切りを4等分に切り、耐熱ボウルに入れ、ふんわりとラップをして電子レンジで3分加熱し、そのまま2分ほどおく。

→ ＼つぶす／

熱いうちにヘラで粗くつぶす。

→ フリージング!

20〜30gずつ製氷皿に入れて冷凍する。固まったら製氷皿から出し、冷凍用保存袋に入れ、冷凍保存する。

長ねぎ

4個分

＼切る／ 長ねぎ（白い部分）1本は5mm幅の斜めに切れ目を入れ、ひっくり返して同様に5mm幅に切れ目を入れる。端から7mm幅に切って粗みじん切りにする。

→ ＼レンチンで!／ 耐熱ボウルに入れ、水大さじ1を加え、ふんわりとラップをして電子レンジで3分加熱し、そのまま1分ほどおく。粗熱がとれたらよく混ぜる。

→ フリージング!

15〜20gずつ製氷皿に入れて冷凍する。固まったら製氷皿から出し、冷凍用保存袋に入れ、冷凍保存する。

＋火の通りやすい野菜でラクラク離乳食!

 **Mon.** 和風の魚献立と洋風献立でうまみを味わって

1回目

豆としらすのごはん
5倍がゆ ＋ 枝豆

材料と作り方
1. 耐熱ボウルに5倍がゆフリージング（P81）、枝豆フリージング（P83）各1個、しらす（塩抜きする）10g、しょうゆ少々、水大さじ1を入れ、ふんわりとラップをして電子レンジで2分30秒～3分加熱し、沸騰させる。
2. 1をよく混ぜながら冷ます。

小松菜と春雨のおすまし
小松菜 ＋ 春雨 ＋ 和風だし ×2

材料と作り方
1. 耐熱ボウルに小松菜フリージング（P83）、春雨フリージング（P81）各1個、和風だしフリージング（P23）2個を入れ、ふんわりとラップをして電子レンジで2分～2分30秒加熱し、沸騰させる。
2. 1にしょうゆ少々加え、よく混ぜながら冷ます。

2回目

チキンライス
5倍がゆ ＋ 鶏もも肉 ＋ にんじん

材料と作り方
1. 耐熱ボウルに5倍がゆフリージング（P81）、鶏もも肉フリージング（P82）、にんじんフリージング（P83）各1個、トマトペースト小さじ½を入れ、ふんわりとラップをして電子レンジで2分～2分30秒加熱し、沸騰させる。
2. 1をよく混ぜながら冷ます。

さつまいもとりんごのマッシュ
さつまいも

材料と作り方
1. りんご⅛個は皮をむき、1cmのさいの目切りにする。
2. 耐熱ボウルにさつまいもフリージング（P83）1個、1を入れ、ふんわりとラップをして電子レンジで1分30秒～2分加熱し、沸騰させる。
3. 2をよく混ぜながら冷まし、ラップを使って小さく丸める。

5倍がゆ
5倍がゆ

材料と作り方 耐熱ボウルに5倍がゆフリージング（P81）1個を入れ、ふんわりとラップをして電子レンジで2分～2分30秒加熱し、よく混ぜながら冷ます。

3回目

あじと小松菜の卵とじ
 あじ ×2 ＋ 小松菜 ＋ 和風だし

材料と作り方
1. 耐熱ボウルにあじフリージング（P82）2個、小松菜フリージング（P83）、和風だしフリージング（P23）各1個を入れ、ふんわりとラップをして電子レンジで1分30秒～2分加熱する。
2. 1に溶き卵大さじ1を加え、さらに1分30秒加熱し、沸騰させる。
3. 2にしょうゆ少々加え、よく混ぜながら冷ます。

里いも団子の和風あんかけ
里いも ＋ 和風だし

材料と作り方
1. 耐熱ボウルに里いもフリージング（P83）、和風だしフリージング（P23）各1個を入れ、ふんわりとラップをして電子レンジで1分30秒～2分加熱する。
2. 里いもを取り出して別のボウルに移し、片栗粉小さじ½を加えてよく混ぜ、団子に丸める。
3. 残った和風だしにとろみのもと（BF／粉末）少々、しょうゆ少々を加えて混ぜ、2にかける。

Tue. | 手づかみしながら味わえる和風と洋風の献立

1回目

 にんじん

キャロット
ヨーグルトサンド

材料と作り方

① 耐熱ボウルににんじんフリージング（P83）1個を入れ、ふんわりとラップをして電子レンジで1分〜1分30秒加熱し、粗熱をとる。

② 食パン½枚は耳を落とし、半分に切る。水きりヨーグルト（P143）大さじ1を塗り、にんじんを挟み、6等分に切る。

 ぶり

きゅうりスライスと
ぶりのマヨサラダ

材料と作り方

① 耐熱ボウルにきゅうり（薄切り）15g、ぶりフリージング（P82）1個、マヨネーズ少々を加え、ふんわりとラップをして電子レンジで1分〜1分30秒加熱する。

② 1に水きりヨーグルト（P143）小さじ1を加え、よく混ぜながら冷ます。

2回目

 5倍がゆ

ひきわり納豆
おにぎり

材料と作り方

① 耐熱ボウルに5倍がゆフリージング（P81）1個を入れ、ふんわりとラップをして電子レンジで2分加熱し、ほぐしながら冷ます。

② 焼きのり¼枚に1とひきわり納豆15gをのせ、焼きのり¼枚で挟み、キッチンばさみで小さめの一口大に切る。

 小松菜 ＋ 長ねぎ ＋ あじ ×2＋ 和風だし ×3

小松菜とあじ団子の
とろとろスープ

材料と作り方

① 耐熱ボウルに小松菜フリージング（P83）、長ねぎフリージング（P83）各1個、あじフリージング（P82）2個、和風だしフリージング（P23）3個を入れ、ふんわりとラップをして電子レンジで2分〜2分30秒加熱し、沸騰させる。

② 1にとろみのもと（BF／粉末）½本、しょうゆ（みそでもOK）少々を加え、よく混ぜながら冷ます。

 枝豆 ＋ 5倍がゆ

枝豆の
チーズリゾット

材料と作り方

① 耐熱ボウルに枝豆フリージング（P83）、5倍がゆフリージング（P81）各1個、カッテージチーズ大さじ1を入れ、ふんわりとラップをして電子レンジで2分〜2分30秒加熱する。

② 1をよく混ぜながら冷ます。

バナナヨーグルト

材料と作り方

器にヨーグルト大さじ1を入れ、バナナ（1cm幅）3枚をいちょう切りにしてのせる。

 さつまいも ＋ 鶏もも肉

鶏とさつまいもの
ミートボール

材料と作り方

① 食パン⅛枚は耳を切り落としてフードプロセッサーに入れ、細かく撹拌する。

② 耐熱ボウルにさつまいもフリージング（P83）、鶏もも肉フリージング（P82）各1個を入れ、ふんわりとラップをして電子レンジで1分30秒〜2分加熱し、沸騰させる。

③ 2を1cmくらいに平たく丸め、1を全体につけ、バター大さじ½を熱したフライパンで転がすように焼き、トマトペースト少々をのせる。

3回目

Wed. | 中華麺やお好み焼きも赤ちゃんは大喜び！

1回目

 5倍がゆ

ごま納豆ごはん
材料と作り方
1. 耐熱ボウルに5倍がゆフリージング（P81）1個を入れ、ふんわりとラップをして電子レンジで2分～2分30秒加熱する。
2. 1を器にほぐしながら入れ、ひきわり納豆15gをのせ、白すりごま少々をかける。

 小松菜 ＋ 和風だし ×2

卵と小松菜のかきたまスープ
材料と作り方
1. 耐熱ボウルに小松菜フリージング（P83）1個、和風だしフリージング（P23）2個を入れ、ふんわりとラップをして電子レンジで1分30秒～2分加熱する。
2. 1に溶き卵大さじ1を加え、さらに1分30秒加熱し、沸騰させる。
3. 2をよく混ぜながら冷ます。

2回目

 長ねぎ ＋ 里いも ＋ ぶり

ぶりと里いもの一口お好み焼き
材料と作り方
1. 耐熱ボウルに長ねぎフリージング（P83）、里いもフリージング（P83）、ぶりフリージング（P82）各1個を入れ、ふんわりとラップをして電子レンジで1分30秒～2分加熱し、沸騰させる。
2. 1をよく混ぜ、粗熱がとれたら薄力粉大さじ½～1を加えて混ぜる。
3. フライパンにサラダ油小さじ1を熱し、2を平たく小さな丸にして両面焼く。混ぜ合わせたトマトペースト・マヨネーズ各少々をつける。

春雨 ＋ にんじん ＋ 和風だし ×2

にんじんと春雨のスープ
材料と作り方
1. 耐熱ボウルに春雨フリージング（P81）、にんじんフリージング（P83）各1個、和風だしフリージング（P23）2個を入れ、ふんわりとラップをして電子レンジで2分～2分30秒加熱し、沸騰させる。
2. 1にしょうゆ少々加え、よく混ぜながら冷ます。

小松菜 ＋ 中華麺 ＋ 和風だし ×2 ＋ あじ ×2

あじ団子と小松菜の中華麺
材料と作り方
1. 耐熱ボウルに小松菜フリージング（P83）、中華麺フリージング（P81）各1個、和風だしフリージング（P23）、あじフリージング（P82）各2個を入れ、ふんわりとラップをして電子レンジで2分～2分30秒加熱し、沸騰させる。
2. 1にしょうゆ少々を加え、よく混ぜながら冷ます。

3回目

煮りんご
材料と作り方
1. りんご⅛個は皮をむき、1cmのさいの目切りにする。
2. 耐熱ボウルに1、水大さじ1を入れ、ふんわりとラップをして電子レンジで1分加熱する。
3. 2をよく混ぜながら冷ます。

Thu. | 和・洋・中のバラエティーに富んだ献立に

1回目

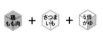

鶏とさつまいもの ごはん

材料と作り方

1. 耐熱ボウルに鶏もも肉フリージング（P82）、さつまいもフリージング（P83）、5倍がゆフリージング（P81）各1個を入れ、ふんわりとラップをして電子レンジで2分〜2分30秒加熱する。
2. 1にしょうゆ少々加え、よく混ぜながら冷ます。

小松菜と 納豆のおみそ汁

材料と作り方

1. 耐熱ボウルに小松菜フリージング（P83）1個、和風だしフリージング（P23）2個を入れ、ふんわりとラップをして電子レンジで2分〜2分30秒加熱し、沸騰させる。
2. 1にひきわり納豆15g、みそ少々加え、よく混ぜながら冷ます。

2回目

あじと枝豆の焼きそば

材料と作り方

1. 耐熱ボウルにあじフリージング（P82）2個、枝豆フリージング（P83）、中華麺フリージング（P81）、和風だしフリージング（P23）各1個を加え、ふんわりとラップをして電子レンジで2分〜2分30秒加熱する。
2. 1にしょうゆ少々加え、よく混ぜながら冷ます。

 のりと豆腐のスープ

材料と作り方

1. 耐熱ボウルに和風だしフリージング（P23）2個、万能ねぎ（小口切り）5g、さいの目に切った豆腐15gを入れ、ふんわりとラップをして電子レンジで2分〜2分30秒加熱し、沸騰させる。
2. 1にしょうゆ少々加え、よく混ぜながら冷ます。焼きのり1/8枚を細かくちぎってのせる。

3回目

にんじんオムライス

材料と作り方

1. 耐熱ボウルににんじんフリージング（P83）、5倍がゆフリージング（P81）各1個を入れ、ふんわりとラップをして電子レンジで2分〜2分30秒加熱する。
2. 1にトマトペースト小さじ1/3を加え、よく混ぜながら冷まして器に盛る。
3. フライパンにサラダ油少量を熱し、溶き卵大さじ1を入れて薄焼き卵を作り、1cm角に切る。
4. 3を2にのせる。

里いもと鶏の トマトスープ

材料と作り方

1. 耐熱ボウルに里いもフリージング（P83）、鶏もも肉フリージング（P82）各1個、トマトジュース（無塩）大さじ1、水大さじ1を入れ、ふんわりとラップをかけて電子レンジで1分30秒〜2分加熱し、沸騰させる。
2. 1に塩少々を加え、里いもを粗くつぶしながらとろみをつけて冷ます。

Fri. 手づかみメニューを意識してあげるのも◎

 1回目

きな粉パン
材料と作り方
1. きな粉小さじ1を少量の熱湯で溶き、バター小さじ1を加えてよく混ぜる。
2. 食パン½枚は耳を切り落とし、半分に切る。1を塗って挟み、6等分に切る。

プレーンヨーグルト
大さじ2を器に盛る。

小松菜 ＋ 長ねぎ ＋ ぶり ＋ 和風だし

ぶりと小松菜のとろとろ煮
材料と作り方
1. 耐熱ボウルに小松菜フリージング（P83）、長ねぎフリージング（P83）、ぶりフリージング（P82）、和風だしフリージング（P23）各1個、しょうゆ少々を入れ、ふんわりとラップをして電子レンジで2分～2分30秒加熱し、沸騰させる。
2. 1にとろみのもと（BF／粉末）½本を加え、よく混ぜながら冷ます。

 2回目

5倍がゆ ＋ 長ねぎ

長ねぎのそぼろごはん
材料と作り方
1. 耐熱ボウルに5倍がゆフリージング（P81）1個を入れ、ふんわりとラップをして電子レンジで2分～2分30秒加熱し、器に入れてほぐす。
2. 耐熱ボウルに豚ひき肉15g、長ねぎフリージング（P83）1個を入れ、ふんわりとラップをして電子レンジで1分30秒～2分加熱する。
3. 2にしょうゆ少々を加え、よく混ぜながら冷まし、1にのせる。

さつまいも

さつまいものごま団子
材料と作り方
1. 耐熱ボウルにさつまいもフリージング（P83）1個、水大さじ½を入れ、ふんわりとラップをして電子レンジで1分加熱する。
2. 1をよく混ぜて5等分にし、丸める。
3. 2に白すりごま小さじ½をまぶす。

5倍がゆ **5倍がゆ** 作り方➡P84

3回目

あじ ×2

あじ団子の甘辛煮
材料と作り方
1. 耐熱ボウルにあじフリージング（P82）2個を入れ、ふんわりとラップをして電子レンジで1分～1分30秒加熱する。
2. 1にしょうゆ少々、トマトペースト少々を加え、よく混ぜながら冷ます。

枝豆 ＋ 春雨 ＋ うまみだし ×2

枝豆と春雨のスープ
材料と作り方
1. 耐熱ボウルに枝豆フリージング（P83）、春雨フリージング（P81）各1個、ツナ缶10g、うまみだしフリージング（P23）2個を加え、ふんわりとラップをして電子レンジで2分～2分30秒加熱し、沸騰させる。
2. 1をよく混ぜながら冷ます。

おすすめ！1週間フリージング食材

part 2

食べられる食材が広がって食欲も旺盛になる時期は、赤身の肉や切り身魚、ミネラルの豊富なひじきやきのこなどのフリージングもおすすめ！

炭水化物は3種類！

そうめん

7個分

ゆでる

そうめん2束は指でつぶれるくらいのやわらかさまでゆで、よく水洗いして水けをきる。

↓

フープロで！

1.5〜2cm幅になるまで撹拌する。

➡ **フリージング！**

50〜60gずつ保存容器に入れて冷凍する。固まったら保存容器から出し、冷凍用保存袋に入れ、冷凍保存する。

5倍がゆ

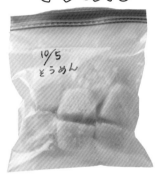

作り方 ➡ P81

スパゲッティ

6個分

ゆでる

スパゲッティ（乾燥）100gは塩を加えずに、指でつぶれるくらいのやわらかさまでゆで、水けをきる。

↓

フープロで！

1.5〜2cm幅になるまで撹拌する。

➡ **フリージング！**

50〜60gずつ保存容器に入れて冷凍する。固まったら保存容器から出し、冷凍用保存袋に入れ、冷凍保存する。

memo

食パンも冷凍しておくと便利

わざわざフリージングする必要はないけれど、あらかじめスティック状に切って1食分をラップに包み、冷凍用保存袋に入れてフリージングしておくと便利。オーブントースターで焼くなど、加熱してから食べさせましょう。

たんぱく質は3種類！

かじきまぐろ

7個分

\ レンチンで！ /

かじきまぐろ1枚（80g）は1cm幅に切って耐熱ボウルに入れ、ひたひたの水を加え、ふんわりとラップをして電子レンジで3分加熱し、そのまま2分おく。

↓

\ ほぐす /

フォークで粗くほぐす。

↓

フリージング！

ゆで汁少量と一緒に10〜15gずつ製氷皿に入れて冷凍する。固まったら製氷皿から出し、冷凍用保存袋に入れ、冷凍保存する。

鶏もも肉

作り方➡P82

豚肉

7個分

\ レンチンで！ /

豚肉（もも肉 or ロース肉）100gは脂を取り除き、1cm幅に切って耐熱ボウルに入れ、ひたひたの水を加え、ふんわりとラップをして電子レンジで3分加熱し、そのまま2分ほどおく。

余分な脂は取り除きましょう。キッチンばさみを使うとラク。

↓

\ フープロで！ /

アクを取り除いたゆで汁少量を加えながら、粗めに撹拌する。

↓

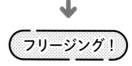
フリージング！

ゆで汁少量と一緒に10〜15gずつ製氷皿に入れて冷凍する。固まったら製氷皿から出し、冷凍用保存袋に入れ、冷凍保存する。

90

ビタミン・ミネラルは8種類!

かぼちゃ

6個分

＼レンチンで!／

かぼちゃ⅛個は種と皮を取り除き、1cm角に切る。耐熱ボウルに入れ、ふんわりとラップをして電子レンジで4分加熱し、そのまま2分ほどおく。

→ ＼つぶす／

熱いうちにヘラで粗くつぶす。

→ フリージング!

20〜30gずつ製氷皿に入れて冷凍する。固まったら製氷皿から出し、冷凍用保存袋に入れ、冷凍保存する。

さやいんげん

6個分

＼レンチンで!／

さやいんげん7本はへたを切り落とし、筋を取って1cm幅に切る。耐熱ボウルにひたひたの水と一緒に入れ、ふんわりとラップをして電子レンジで5分加熱し、そのまま2分ほどおく。

→ ＼フープロで!／

粗めに撹拌する。

→ フリージング!

20〜30gずつ製氷皿に入れて冷凍する。固まったら製氷皿から出し、冷凍用保存袋に入れ、冷凍保存する。

じゃがいも

6個分

＼レンチンで!／

じゃがいも1個はペーパータオルで包んで水でぬらし、ラップで包んで電子レンジで3〜4分、中心を竹串で刺してすっと通るまで加熱し、そのまま2分ほどおく。

→ ＼切る／

皮をむき、1cm角に切る。

→ フリージング!

20〜30gずつ製氷皿に入れて冷凍する。固まったら製氷皿から出し、冷凍用保存袋に入れ、冷凍保存する。

きのこ

6個分

＼レンチンで!／

しめじorしいたけ½パックは石づきを切り落とし、耐熱ボウルにひたひたの水と一緒に入れ、ふんわりとラップをして電子レンジで5分加熱し、そのまま2分ほどおく。

→ ＼フープロで!／

みじん切りになるように撹拌する。

→ フリージング!

15〜20gずつ製氷皿に入れて冷凍する。固まったら製氷皿から出し、冷凍用保存袋に入れ、冷凍保存する。

ひじき

7個分

＼湯通しする／

ひじき(戻したもの)70gは水がきれいになるまで洗い、ザルにのせて熱湯を回しかける。

→ ＼フープロで!／

みじん切りになるまで撹拌する。

→ フリージング!

10gずつ製氷皿に入れて冷凍する。固まったら製氷皿から出し、冷凍用保存袋に入れ、冷凍保存する。

にんじん

作り方 ➡P83

小松菜

作り方 ➡P83

長ねぎ

作り方 ➡P83

 にんじん ＋ きのこ ＋ 玉ねぎ

きのこと玉ねぎのお焼き

材料と作り方

1. 耐熱ボウルににんじんフリージング（P83）、きのこフリージング（P91）、玉ねぎフリージング（P97）各1個を入れ、ふんわりとラップをして電子レンジで1分30秒〜2分加熱する。
2. 1のにんじんを刻んで小麦粉大さじ1を加え、フォークで粗くつぶしながら混ぜ、ひと口大の平たい丸に成形する。
3. フライパンにサラダ油少量を熱し、2を両面焼き、しょうゆ少々をたらす。

 野菜だし ×2 ＋ さやいんげん ＋ 玉ねぎ

いんげんとめかぶのスープ

材料と作り方

1. 耐熱ボウルに野菜だしフリージング（P23）2個、さやいんげんフリージング（P91）、玉ねぎフリージング（P97）各1個を入れ、ふんわりとラップをして電子レンジで2分〜2分30秒加熱させ、沸騰させる。
2. 1に刻んだめかぶ大さじ⅓、しょうゆ少々を加え、ふんわりとラップをし、電子レンジでさらに30秒〜1分加熱し、よく混ぜながら冷ます。

炒り卵 作り方➡P96

 スパゲッティ ＋ にんじん ＋ かじきまぐろ

にんじんとかじきのパスタ

材料と作り方

1. 耐熱ボウルにスパゲッティフリージング（P89）、にんじんフリージング（P83）、かじきまぐろフリージング（P90）各1個、水大さじ2を入れ、電子レンジで1分30秒〜2分加熱し、沸騰させる。
2. 1のにんじんを小さく切り、ホワイトソース（BF／粉末）1本、バター少量を加え、よく混ぜながら冷ます。

煮りんご

材料と作り方

1. りんご30gは皮をむき、5mm角くらいの粗みじん切りにする。
2. 耐熱ボウルに、1、ひたひたの水を入れ、ふんわりとラップをして電子レンジで1分〜1分30秒加熱し、よく混ぜながら冷ます。

5倍がゆ **5倍がゆ** 作り方➡P84

 長ねぎ ＋ 豚肉

豚と納豆のそぼろ

材料と作り方

1. 耐熱ボウルに長ねぎフリージング（P83）、豚肉フリージング（P90）各1個を入れ、ふんわりとラップをして電子レンジで1分30秒〜2分加熱し、沸騰させる。
2. 1にひきわり納豆大さじ1、しょうゆ少々を加え、よく混ぜながら冷ます。

 小松菜 ＋ 野菜だし

小松菜のおひたし風

材料と作り方

1. 耐熱ボウルに小松菜フリージング（P83）、野菜だしフリージング（P23）各1個を入れ、ふんわりとラップをして電子レンジで1分30秒〜2分加熱し、沸騰させる。
2. 1にしょうゆ少々を加えてラップをし、さらに30秒加熱し、よく混ぜながら冷ます。

Tue. 豊富な食材を使えるのもフリージングならでは

 ひじきの五目ごはん

1回目

材料と作り方
1. 耐熱ボウルに5倍がゆフリージング（P81）、にんじんフリージング（P83）、ひじきフリージング（P91）、さやいんげんフリージング（P91）各1個を入れ、ふんわりとラップをして電子レンジで2分〜2分30秒加熱し、沸騰させる。
2. 1のにんじんを刻んで和風だし（BF／粉末）1本、しょうゆ少々を加え、よく混ぜながら冷ます。

 + ×2　**きのこと麩のすまし汁**

材料と作り方
1. 耐熱ボウルにきのこフリージング（P91）1個、うまみだしフリージング（P23）2個を入れ、ふんわりとラップをして電子レンジで2分〜2分30秒加熱し、沸騰させる。
2. 1に小さく砕いた麩2個を加え、ふんわりとラップをして電子レンジで20〜30秒加熱し、よく混ぜながら冷ます。

2回目

ミートパスタ

材料と作り方
1. 耐熱ボウルにスパゲッティフリージング（P89）、玉ねぎフリージング（P97）、にんじんフリージング（P83）、豚肉フリージング（P90）各1個、トマトペースト大さじ½を入れ、ふんわりとラップをして電子レンジで2分〜2分30秒加熱し、沸騰させる。
2. 1のにんじんを小さく切り、よく混ぜながら冷ます。

みかん　6粒（薄皮はむく）

---

memo
スパゲッティと豚肉と野菜をレンチンするだけで簡単。トマトペーストを加えることでうまみが増し、食欲がアップします。みかんをデザートに添えて。

3回目

 + + + ×2

鶏と小松菜のそうめん

材料と作り方
1. 耐熱ボウルにそうめんフリージング（P89）、鶏肉フリージング（P82）、小松菜フリージング（P83）、玉ねぎフリージング（P97）各1個、野菜だしフリージング（P23）2個、しょうゆ少々を入れ、ふんわりとラップをして電子レンジで2分〜2分30秒加熱し、沸騰させる。
2. 1をよく混ぜながら冷ます。

かぼちゃボール　作り方→P96

Wed. | トーストやとん平焼きはよく噛む練習にも

1回目

スティックトースト
材料と作り方
食パン(6枚切り)½枚は耳を切り落としてから、4等分に切り、オーブントースターでこんがり焼く。

 かぼちゃ + 玉ねぎ

玉ねぎとかぼちゃのヨーグルトサラダ
材料と作り方
1. 耐熱ボウルにかぼちゃフリージング(P91)、玉ねぎフリージング(P97)各1個を入れ、ふんわりとラップをして電子レンジで1分～1分30秒加熱し、沸騰させる。
2. 1にプレーンヨーグルト小さじ2、塩少々を加え、よく混ぜながら冷々。

2回目

豚肉 + 長ねぎ

とん平焼き
材料と作り方
1. 耐熱ボウルに豚肉フリージング(P90)、長ねぎフリージング(P83)各1個を入れ、ふんわりとラップをして電子レンジで1分～1分30秒加熱する。小麦粉、片栗粉、かつお節各小さじ⅓を加え、よく混ぜる。
2. フライパンにサラダ油小さじ½を熱し、1を小判型にして、片面焼く。ひっくり返してふたをし、しっかりと焼く。
3. 2にトマトペースト少々をつける。

バナナ　　1.5cm幅の輪切り2枚

 5倍がゆ　作り方 ➡ P84

さやいんげん + かじきまぐろ + うまみだし ×2

かじきまぐろとトマトのとろとろ煮
材料と作り方
1. 耐熱ボウルにさやいんげんフリージング(P91)、かじきまぐろフリージング(P90)各1個、うまみだしフリージング(P23)2個、トマトジュース(無塩)大さじ1、しょうゆ少々を入れ、ふんわりとラップをして電子レンジで2分～2分30秒加熱し、沸騰させる。
2. 1にとろみのもと(BF/粉末)½本を加え、よく混ぜながら冷ます。

3回目

memo
1、2回目の主食が小麦粉料理のときは、3回目は米にすると栄養バランスがアップ。かじきまぐろとトマトのとろとろ煮は、少量のしょうゆで味つけをしてごはんにあうおかずに。

94

Thu. | めかぶやきのこなど赤ちゃんの腸を整える献立

1回目

 5倍がゆ 作り方➡P84

めかぶしらす豆腐
材料と作り方
1 耐熱ボウルに刻んだめかぶ**大さじ⅔**、湯通ししたしらす**大さじ1**を入れ、ふんわりとラップをして電子レンジで1分加熱し、沸騰させる。
2 1に絹ごし豆腐**大さじ2**、しょうゆ少々を加えてラップをし、さらに1分加熱し、よく混ぜながら冷ます。

 にんじん
スティックにんじんのかつお節和え
材料と作り方
1 耐熱ボウルににんじんフリージング（P83）1個を入れ、ふんわりとラップをして電子レンジで1分〜1分30秒加熱する。
2 1を冷ましてから、しょうゆ少々を加え、かつお節（糸削り）**小さじ½**をまぶす。

2回目

 スパゲッティ ＋ きのこ ＋ 鶏肉
鶏ときのこのパスタ
材料と作り方
1 耐熱ボウルにスパゲッティフリージング（P89）、きのこフリージング（P91）、鶏肉フリージング（P82）各1個、水**大さじ1**を入れ、ふんわりとラップをして電子レンジで2分〜2分30秒加熱し、沸騰させる。
2 1にしょうゆ少々を加え、よく混ぜながら冷まし、青のり適量をかける。

 じゃがいも ＋ 長ねぎ ＋ うまみだし ×2
長ねぎとじゃがいものポタージュ
材料と作り方
1 耐熱ボウルにじゃがいもフリージング（P91）、長ねぎフリージング（P83）各1個、うまみだしフリージング（P23）2個を入れ、ふんわりとラップをして電子レンジで2分〜2分30秒加熱し、沸騰させ、粗熱をとる。
2 1に牛乳（または湯で溶いた粉ミルク）**小さじ1**、バター少々を加え、よく混ぜながら冷ます。

3回目

 5倍がゆ 作り方➡P84

かじき まぐろ ＋ さや いんげん
かじきまぐろといんげんのソテー
材料と作り方
1 耐熱ボウルにかじきまぐろフリージング（P90）、さやいんげんフリージング（P91）各1個、水**大さじ1**を入れ、ふんわりとラップをして電子レンジで1分30秒〜2分加熱し、沸騰させる。
2 1にしょうゆ少々を加え、よく混ぜながら冷ます。

memo
かじきまぐろといんげんは、レンチンしたあと少量の油でさっと炒めても。香ばしさとうまみがアップします。物足りないときはみかんやりんごなどの果物を添えて。

スティックトースト
作り方➡P94

炒り卵
材料と作り方
1. ボウルに**溶き卵½個分**、牛乳大さじ1を入れてよく混ぜる。
2. フッ素樹脂加工のフライパンを熱し、1を流し入れ、よく混ぜながら炒り卵を作る。

きのこのポタージュ
材料と作り方
1. 耐熱ボウルにじゃがいもフリージング（P91）、きのこフリージング（P91）各1個を入れ、ふんわりとラップをして電子レンジで1分30秒～2分加熱し、小麦粉小さじ1を加えてよく混ぜる。
2. 1に牛乳（または湯で溶いた粉ミルク）大さじ4を加えて混ぜ、ふんわりとラップをして電子レンジで1分～1分30秒加熱し、沸騰させる。塩少々を加えてよく混ぜながら冷ます。

1回目

2回目

ひじきとしらすの混ぜごはん
材料と作り方
1. 耐熱ボウルに5倍がゆフリージング（P81）、ひじきフリージング（P91）各1個を入れ、ふんわりとラップをして電子レンジで2分～2分30秒加熱し、沸騰させる。
2. 1に湯通ししたしらす10gを加え、よく混ぜながら冷ます。

いんげんとにんじんの納豆和え
材料と作り方
1. 耐熱ボウルにさやいんげんフリージング（P91）、にんじんフリージング（P83）各1個を入れ、ふんわりとラップをして電子レンジで1分～1分30秒加熱し、沸騰させる。
2. 1のにんじんを小さく切り、湯通ししたひきわり納豆大さじ1、しょうゆ少々を加え、よく混ぜながら冷ます。

 5倍がゆ 作り方➡P84

鶏といんげん、長ねぎの煮物
材料と作り方
1. 耐熱ボウルにうまみだしフリージング（P23）2個、鶏肉フリージング（P82）、さやいんげんフリージング（P91）、長ねぎフリージング（P83）各1個を入れ、ふんわりとラップをして電子レンジで2分～2分30秒加熱し、沸騰させる。
2. 1にしょうゆ少々を加え、よく混ぜながら冷ます。

かぼちゃボール
材料と作り方
1. 耐熱ボウルにかぼちゃフリージング（P91）1個、クリームチーズ15gを入れ、ふんわりとラップをして電子レンジで1分～1分30秒加熱する。
2. 1に小麦粉小さじ½を加えてよく混ぜ、ふんわりとラップをして電子レンジで30秒～1分加熱する。
3. 2をよく混ぜて冷蔵庫で冷まし、ラップを使って小さく丸める。

3回目

他にもおすすめ！ フリージング食材

残りの2週間は、違う食材をフリージングして1週間の献立を作ってみましょう。
この時期ならではの食材も、あらかじめ冷凍しておくと使いやすくなります。

牛肉

6個分

＼ レンチンで！ ／

牛赤身薄切り肉100gは脂を取り除き、1cm幅に切って耐熱ボウルに入れ、ひたひたの水を加え、ふんわりとラップをして電子レンジで3分加熱し、そのまま2分ほどおく。

↓

＼ フープロで！ ／

アクを取り除いたゆで汁を少量加えながら、粗めに撹拌する。

→ [フリージング！]

ゆで汁少量と一緒に10〜15gずつ製氷皿に入れて冷凍する。固まったら製氷皿から出し、冷凍用保存袋に入れ、冷凍保存する。

卵

5個分

＼ 混ぜてレンチンで！ ／

耐熱ボウルに卵1個、牛乳（または粉ミルクを水で溶いたもの）大さじ1を入れてよく混ぜ、ふんわりとラップをして電子レンジで50秒加熱し、泡立て器で手早く混ぜる。

↓

＼ 再度レンチンで！ ／

再びふんわりとラップをして50秒加熱し、泡立て器で手早く混ぜ、そぼろ状にする。

→ [フリージング！]

10〜15gずつ製氷皿に入れて冷凍する。固まったら製氷皿から出し、冷凍用保存袋に入れ、冷凍保存する。

玉ねぎ

4個分

＼ フープロで！ ／

玉ねぎ1/2個はざく切りにし、フードプロセッサーに入れて5mm角くらいの粗みじん切りになるまで撹拌する。

→ ＼ レンチンで！ ／

耐熱ボウルに入れ、水大さじ1を加え、ふんわりとラップをして電子レンジで3分加熱し、そのまま1分ほどおく。

→ [フリージング！]

20〜30gずつ製氷皿に入れて冷凍する。固まったら製氷皿から出し、冷凍用保存袋に入れ、冷凍保存する。

うどん

6個分

＼ レンチンで！ ／

耐熱ボウルにゆでうどん2玉、ひたひたの水を加え、ふんわりとラップをして電子レンジで8分、やわらかくなるまで加熱し、洗って水をきる。

→ ＼ フープロで！ ／

1.5〜2cm幅になるまで撹拌する。

→ [フリージング！]

50〜60gずつ保存容器に入れて冷凍する。固まったら保存容器から出し、冷凍用保存袋に入れ、冷凍保存する。

もずく・めかぶ

各7個分

＼ 湯通しする ／

もずく70g、めかぶ70gはそれぞれザルにのせて熱湯を回しかける。

→ ＼ 切る ／

清潔なまな板の上に移し、包丁でたたいて細かく切る。

→ [フリージング！]

10〜15gずつ製氷皿に入れて冷凍する。固まったら製氷皿から出し、冷凍用保存袋に入れ、冷凍保存する。

フリージング離乳食バリエ

離乳食を作るたびに、かたさや大きさを調整するのは大変。
素材フリージングを組み合わせれば、あっという間に離乳食の準備が完成！

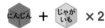 ×2

じゃがいもとにんじんのポテトフライ風

材料

A　にんじんフリージング（P83）……1個
　　じゃがいもフリージング（P91）…2個
和風だし（BF／粉末）………………… 少々
サラダ油 ……………………………… 小さじ1

memo

ひと口サイズで、手で持ちやすい形だから、手づかみ食べの練習にもおすすめのおかずです。

作り方

① 耐熱ボウルにAを入れ、ふんわりとラップをして電子レンジで1分30秒〜2分加熱し、沸騰させる。

② 1のにんじんを小さく切り、和風だしを加えてよく混ぜながら冷まし、平たく棒状に丸める。

③ フライパンにサラダ油を熱し、2を軽く焼く。

 **かぼちゃのごま和え**

材料

かぼちゃフリージング（P91）………… 1個
白すりごま ………………………… 小さじ⅓
しょうゆ ……………………………… 少々

memo

かぼちゃフリージングをレンチンして、すりごまとしょうゆを加えて混ぜるだけ！しょうゆはほんの少量、風味づけ程度に加えましょう。

作り方

① 耐熱ボウルにかぼちゃフリージングを入れ、ふんわりとラップをして電子レンジで1分〜1分30秒加熱し、沸騰させる。

② 1に白すりごま、しょうゆを加え、混ぜながら冷ます。

長ねぎ + きのこ + 牛肉

牛肉ときのこの和え物

材料

A　長ねぎフリージング（P83）
　　　　　　　　　　　　　　……1個
　　きのこフリージング（P91）1個
　　牛肉フリージング（P97）…1個
　　しょうゆ …………………… 小さじ⅛
水溶き片栗粉 ………………… 小さじ1
白すりごま …………………… 小さじ½

作り方

① 耐熱ボウルにAと水大さじ2を入れ、ふんわりとラップをして電子レンジで2分〜2分30秒加熱し、沸騰させ、粗熱をとる。

② 1に水溶き片栗粉、白すりごまを加え、ラップをしないで電子レンジで30〜40秒加熱する。

③ 2をよく混ぜながら冷ます。

＋ 卵 卵フリージングで！

かぼちゃ ＋ 卵 ＋ うまみだし
卵とかぼちゃのポタージュ

材料

A ┌ かぼちゃフリージング（P91）…………… 1個
　├ 卵フリージング（P97）…………………… 1個
　└ うまみだしフリージング（P23）………… 1個
クリームスープのもと（BF／粉末）………… 1本

作り方

1　耐熱ボウルにAを入れ、ふんわりとラップをして電子レンジで2分〜2分30秒加熱し、沸騰させ、粗熱をとる。

2　1にクリームスープのもとを加え、よく混ぜて冷ます。

5倍がゆ ＋ 長ねぎ ＋ きのこ ＋ 卵 ＋ 和風だし ×2
きのこと卵の雑炊

材料

5倍がゆフリージング（P81）… 1個
長ねぎフリージング（P83）…… 1個
きのこフリージング（P91）…… 1個
卵フリージング（P97）………… 1個
和風だしフリージング（P23）… 2個
しょうゆ………………………… 少々

作り方

1　耐熱ボウルに全ての材料を入れ、ふんわりとラップをして電子レンジで2分〜2分30秒加熱し、沸騰させる。

2　1をよく混ぜながら冷ます。

＋ さつまいも さつまいもフリージングで！

さつまいも ×2＋ ひじき
ひじきとさつまいものお焼き

材料

A ┌ さつまいもフリージング（P83）… 2個
　└ ひじきフリージング（P91）……… 1個
りんごジュース（BF／粉末）………… ½本
バター………………………………… 小さじ1

memo

ひじきとさつまいもの組み合わせで、便秘予防の効果も期待できる一品。BFのりんごジュースも混ぜ込んでいるから、おやつとしてもおすすめです。

作り方

1　耐熱ボウルにAを入れ、ふんわりとラップをして電子レンジで1分30秒〜2分加熱し、沸騰させる。

2　1にりんごジュースを加え、よく混ぜながら冷まし、小さく丸める。

3　フライパンにバターを熱し、2を焼く。

離乳食で気をつけたい食べ物

大人は食べられても、赤ちゃんに与えてはいけない食べ物があります。
気をつけたい食べ物はどんなものがあるのか、しっかり理解しておきましょう。

1 乳児ボツリヌス症が心配な食材

1才までは内臓機能が未熟なので、食べさせるものには気をつける必要があります。特にはちみつは、乳児ボツリヌス症を発症し、赤ちゃんが命を落とす事故にもつながりかねません。1才未満の赤ちゃんには食べさせないようにして。

はちみつ

2 抵抗力の弱い赤ちゃんには生の魚や肉、卵はNG

赤ちゃんは細菌などに対する抵抗力が弱いため、魚、肉、卵は中までしっかりと火を通したものを与えるのがきほん。大人が食べる刺身、寿司、ローストビーフは赤ちゃんにはNG。いくらは高塩分のうえ、誤嚥や食物アレルギーを起こしやすいので要注意。

刺身

いくら

3 誤嚥が心配な食材

赤ちゃんは咀嚼力が弱く、気管が狭いので、食べ物や異物が詰まる誤嚥の危険性があります。特にピーナッツやアーモンドなどのナッツ類やこんにゃくゼリー、もちなどは与えてはいけません。また、ミニトマトなどの丸い形の食材は、のどに詰まりやすいので要注意。必ず食べやすい大きさに切ってから与えましょう。

ピーナッツ&アーモンド

こんにゃくゼリー&もち

memo 赤ちゃんに与える水分のこと

→ 果汁やイオン飲料ではなく「湯冷まし」を

赤ちゃんの水分補給に気をつけたいのが、果汁やベビー用イオン飲料。むし歯や食欲不振を招きやすいので、水代わりにはしません。沸騰させた湯を冷ました「湯冷まし」や、カフェインのない「麦茶」や「ほうじ茶」にしましょう。

大人メニュー
にどんどん
近づく！

5

ミックス
フリージングで
ラクラク！

\\ 完了期 //

1才〜1才半頃の
離乳食
アイデア&レシピ

離乳食に慣れ、大人の食事に近づいて、
いよいよ完了間近。ただし味つけは薄味がきほん！
栄養のバランスを考えながら、
フリージング食材を上手に使って
ラクラク離乳食を続けましょう。

栄養の
バランスが
簡単にとれる！

1才〜1才半頃の離乳食のきほん

バナナくらいのかたさのものを奥の歯茎で噛んで食べられるようになり、
栄養のほとんどを離乳食からとるようになったら、いよいよ離乳食も仕上げです。

かたさの目安

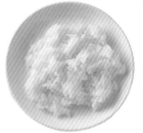

軟飯
大人のごはんのやわらかめ。少しずつ大人のごはんのかたさに近づけて。

スティックにんじん
1cm角の棒状に切り、手づかみしやすく、スプーンでつぶせるやわらかさに。

進め方

1日3回の離乳食が安定したら補食を1〜2回増やして。

食べることの楽しさやおいしさを感じるように。日中の授乳が少なくなったら、必要に応じて1日1〜2回のおやつ（補食）を与えましょう。

前歯でかじり取り、バナナくらいのかたさの食べ物を噛んで食べられるようになったら、煮込みハンバーグくらいのかたさにします。自分から食べたいという意欲がみられたら、手づかみのメニューを増やしましょう。まわりが汚れることは覚悟して、手づかみで気の済むように食べさせて。献立は主食、主菜、副菜を揃えて栄養バランスを整え、大人の食事から取り分ける工夫をすると、さらに食べける工夫をすると、さらに食

1日のタイムスケジュールの目安

	22:00	20:00	18:00	16:00	14:00	12:00	10:00	7:00	6:00
離乳食中心になりますが、授乳が必要な子もいます。授乳を卒業したらおやつを加えて。		母乳・ミルク	離乳食3回目		おやつ2回目		離乳食2回目	おやつ1回目	離乳食1回目	3回食

フリージングの道具いろいろ
揃えておくとフリージング離乳食がラクラク作れる！

保存袋　　ラップ　　製氷皿　　フリージング容器

\\ 完了期 //
1才〜1才半頃の離乳食テク!

ミックス冷凍＆レンジでチン！

食べられる食材数が増える時期だからこそ、
ミックス食材のフリージングが便利。まとめて仕込んで、栄養満点の一品も簡単に。

├─────── フリージングテクはミックス冷凍！ ───────┤

数種類の野菜を刻んでレンチン!

約1cmの大きさに野菜を刻んで、耐熱ボウルに入れ、ふんわりとラップをしてレンチンを。

小分けにしてフリージング!

小分けの保存容器に入れ、ふたをしてフリージングを。野菜40〜50g＋ひたひたのゆで汁が1回量。

├────── ミックス冷凍×素材冷凍でレンチン離乳食！ ──────┤

組み合わせてレンチン❶

マカロニ、洋風野菜ミックス、えびキューブ、ホワイトソース（BF／粉末）を合わせてレンチン!

組み合わせてレンチン❷

洋風野菜ミックス、子ども用カレールウ、鶏肉を合わせてレンチン!　ごはんは別でレンチンして盛りつけて。

Finish
グラタンもラクラク!

Finish
カレーもラクラク!

1才～1才半頃の献立カレンダー

フリージングで！

ほとんどの食材が食べられるように。自分で食べる練習もしていきましょう！

いよいよ離乳食も仕上げの時期。献立も主食、主菜、副菜を揃えて、大人の献立に近づけていきます。

1才～1才半頃の離乳食ステップアップ例

1日3回食

炭水化物

ごはん、パン、うどん、パスタなどほとんどのものが食べられる時期。野菜や肉、魚介、豆などと組み合わせるのが◎。

たんぱく質

肉はひき肉だけでなく、薄切り＆1cm角の肉、加工肉も食べられるように。魚介はさばやえびもしっかり加熱すればOKです。

ビタミン・ミネラル

今までの野菜に加えて、きのこや海藻類、たけのこなど食物繊維の多い野菜もOK。細かく刻んで少量から始めましょう。

1日3回食に加えて、1～2回のおやつを。スプーンやフォークを使う練習も！

1日3回の食事のリズムを大切にして、生活リズムを整えましょう。栄養のほとんどは離乳食からとるようになるので、栄養バランスのとれた献立を考えて。3食の離乳食だけでは栄養が不足するため、1～2回のおやつをとり入れます。

献立のPOINT3

1

大人と同じようなメニューもOK。ただし、薄味を守って

ハンバーグやカレーライス、ハヤシライスなど、大人と同じようなメニューもOKに。ただし、味つけはごく薄味にして、塩分過多にならないように気をつけましょう。

2

おやつは第4の食事。ただし、栄養を補うものとして考えて

おやつは3食では補えないエネルギーや栄養をとり入れるためのもの。お菓子というよりは、おにぎりやパン、蒸したさつまいも、果物など、食事に近いものが理想的です。

3

ばっかり食い、ムラ食いの時期。あせらせないで気長に

この時期の特徴として、ばっかり食いやムラ食い、遊び食いなど、赤ちゃん特有の食べ方が見られます。よくあることなので、焦らず気長に見守ってあげましょう。

おすすめ！1週間 フリージング食材

part 1

下ごしらえが大変な魚介やミックス野菜を数種類、あらかじめフリージングしておけば
バリエーション豊かな献立が作れます。平日ラクするためにも週末頑張って。

炭水化物は2種類！

軟飯

— 4個分 —

＼ レンチンで！ ／

耐熱ボウルにごはん 200g と水 1 カップを入れて混ぜ、ラップを
かけずに電子レンジで 7 分加熱し、ラップをしてそのまま 5 分おく。

↓

フリージング！ 保存容器に 40 〜 50g ずつ入れ、
冷凍保存する。

 memo

米から作るときは

炊飯釜に米 1 合を入れ、2 合目の目盛りより少し少なめ
の水を入れ、炊飯器で炊く。ごはんから作るときと同様に
フリージングする。

マカロニ

— 5個分 —

＼ ゆでる！ ／

マカロニ（乾燥）100g はやわらかめにゆでる。

↓

フリージング！ 保存容器に 70g ずつ入れ、冷凍
する。固まったら保存容器から出
し、冷凍用保存袋に入れ、冷凍保
存する。

 memo

スパゲッティも同様に

スパゲッティ（乾麺）100g を 1/3 等分に折り、やわら
かめにゆで、2 〜 3cm 幅に切る。マカロニと同様にフリー
ジングする。

たんぱく質は2種類！

えび

えび
12/1

―― 6個分 ――

＼ 洗って切る ／

えび110gは殻、尾、背わた
を取り除き、片栗粉大さじ2
でもみ込み、冷水で洗い、細か
く切り、耐熱ボウルに入れ、水
大さじ2を加える。

↓

＼ レンチンで！ ／

5cm幅に切った長ねぎの青い
部分3本をのせ、ふんわりと
ラップをして電子レンジで2
分～2分30秒加熱し、そのま
ま2分ほどおく。

↓

（ フリージング！ ）

長ねぎを取り除き、15gずつ製氷皿に入れて冷凍する。固
まったら製氷皿から出し、冷凍用保存袋に入れ、冷凍保存す
る。

さば

さば
12/10

―― 6個分 ――

＼ 切る ／

生さば110gは骨と皮と血合
いを取り除き、15gずつの薄
切りにし、耐熱ボウルに入れる。
5cm幅に切った長ねぎの青い
部分1/2本分、ひたひたの水
を加える。

↓

＼ レンチンで！ ／

ふんわりとラップをして電子レ
ンジで1分30秒～2分加熱し、
そのまま2分ほどおく。

↓

（ フリージング！ ）

長ねぎを取り除き、トレイにさば同士がくっつかないように
並べ、ラップをしっかりして冷凍する。固まったら、冷凍用
保存袋に入れ、冷凍保存する。

ミックス野菜は3種類！

和風ミックス野菜①

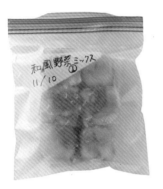

〜〜〜 6個分 〜〜〜

＼ 切る ／

厚めに皮をむいた大根70g、皮をむいたにんじんと里いも各70gは、薄いいちょう切りにする。玉ねぎ70gは皮をむいて2cm角に切り、全てを耐熱ボウルに入れる。

＼ レンチンで！ ／

ひたひたの水を加え、クッキングシートで落としぶたをし、ふんわりとラップをして電子レンジで8分加熱し、そのまま2分ほどおく。

フリージング！

保存容器に40〜50gずつ入れ、ひたひたのゆで汁を加え、冷凍する。固まったら保存容器から出し、冷凍用保存袋に入れ、冷凍保存する。

洋風ミックス野菜①

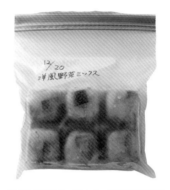

〜〜〜 6個分 〜〜〜

＼ 切る ／

ズッキーニ70gは1cm角に切り、パプリカ70gは種とワタを取り除き、2cmの乱切りにする。玉ねぎ70gは皮をむいて2cm幅に切り、ブロッコリー70gは小さめの小房に分ける。全てを耐熱ボウルに入れる。

＼ レンチンで！ ／

ひたひたの水を加え、クッキングシートで落としぶたをし、ふんわりとラップをして電子レンジで8分加熱し、そのまま2分ほどおく。

フリージング！

保存容器に40〜50gずつ入れ、ひたひたのゆで汁を加え、冷凍する。固まったら保存容器から出し、冷凍用保存袋に入れ、冷凍保存する。

きのこミックス

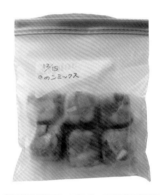

〜〜〜 6個分 〜〜〜

＼ 切る ／

しめじ、えのきだけ、しいたけ各50gは石づきを切り落とし、1cm幅に切る。玉ねぎ50gは皮をむいて粗みじん切りにし、全てを耐熱ボウルに入れる。

＼ レンチンで！ ／

ひたひたの水を加え、クッキングシートで落としぶたをし、ふんわりとラップをして電子レンジで5分加熱し、そのまま2分ほどおく。

フリージング！

保存容器に30gずつ入れ、ひたひたのゆで汁を加え、冷凍する。固まったら保存容器から出し、冷凍用保存袋に入れ、冷凍保存する。

野菜は4種類！

青菜

青菜
11/10

6個分

\ 切ってレンチン /

小松菜 ½ 束は根元を切り落とし、茎は1.5cm幅、葉は2cm四方に切り、耐熱ボウルに入れる。野菜だし（BF/粉末）小さじ1、ひたひたの水を加え、ふんわりとラップをして電子レンジで5分加熱し、そのまま2分ほどおく。

フリージング！

保存容器にゆで汁と一緒に20gずつ入れ、冷凍する。固まったら保存容器から出し、冷凍用保存袋に入れ、冷凍保存する。

アボカド

アボカド
11/20

8個分

\ 切ってレモン汁 /

アボカド 160g は皮と種を取り除き、1cm角に切り、レモン汁小さじ1で和える。

フリージング！

保存容器に20gずつ入れ、冷凍する。固まったら保存容器から出し、冷凍用保存袋に入れ、冷凍保存する。

ブロッコリー

ブロッコリー
11/15

8個分

\ 切ってレンチン /

ブロッコリー 140g は茎の硬いところを切り落とし、1cm くらいの小房に切る。耐熱ボウルに入れ、野菜だし（BF/粉末）小さじ1、ひたひたの水を加え、ふんわりとラップをして電子レンジで5分加熱し、そのまま2分ほどおく。

フリージング！

保存容器にゆで汁と一緒に20gずつ入れ、冷凍する。固まったら保存容器から出し、冷凍用保存袋に入れ、冷凍保存する。

きくらげ

きくらげ
12/21

9個分

\ 切って熱湯をかける /

きくらげ（戻したもの）110g は粗みじん切りにし、ザルにのせて熱湯を回しかける。

フリージング！

保存容器に15gずつ入れ、冷凍する。固まったら保存容器から出し、冷凍用保存袋に入れ、冷凍保存する。

他にもおすすめ！ フリージング食材

麺類とパンのフリージングがあれば、献立のバリエーションが広がります。
魚のうまみを感じられるつみれは、スープなどに入れてもおいしい！

うどん

5個分

\ ゆでる /

冷凍うどん2玉はやわらかめにゆで、2～3cm幅に切る。

↓

フリージング！

保存容器に70gずつ入れ、冷凍する。固まったら保存容器から出し、冷凍用保存袋に入れ、冷凍保存する。

中華麺

5個分

\ ゆでる /

中華麺2玉はやわらかめにゆで、しっかり洗い、2～3cm幅に切る。

↓

フリージング！

保存容器に70gずつ入れ、冷凍する。固まったら保存容器から出し、冷凍用保存袋に入れ、冷凍保存する。

つみれ

21個分

\ フープロで！ /

青魚（さば）140gは3枚におろし、皮をはぐ。小骨と血合いの強い中心部分は取り除く。フードプロセッサーに青魚、長ねぎ（輪切り）2cm分、軟飯（P105）大さじ4、片栗粉大さじ½、みそ小さじ⅓大さじ入れ、撹拌する。

↓

\ レンチンで！ /

21等分にして平たく丸め、クッキングシートを敷いた耐熱皿に並べる。クッキングシートを持ち上げて下に水大さじ2を入れ、ふんわりとラップをし、電子レンジで2分30秒加熱する。ラップをしたまま2分ほどおき、ラップを外して冷ます。

↓

フリージング！ クッキングシートを敷いたトレイに並べ、ラップをしっかりして冷凍する。固まったら、冷凍用保存袋に入れ、冷凍保存する。

バターロール

5回分

\ ラップで包む /

バターロール5個は1個ずつラップで包む。

↓

フリージング！

冷凍用保存袋に入れ、冷凍保存する。

＊そのまま食べるときは＊

自然解凍する、またはオーブントースターで焼く。

フレンチトースト

材料と作り方

1 食パン（6枚切り）¾枚は耳を切り落として4等分に切る。バットに溶き卵½個分、牛乳40ml、砂糖小さじ½を入れてよく混ぜ、食パンを浸す。

2 フライパンにバター5gを熱し、1を両面弱火で焼く。

いろいろ フルーツヨーグルト

材料と作り方

1 バナナ½本は1cm幅の輪切りにして4等分に切る。

2 器に1、プレーンヨーグルト80g、皮をむいたぶどう10粒を入れ、よく混ぜる。

memo

ほんのり甘いフレンチトーストは、食パンに卵と牛乳を染み込ませて焼いているから、たんぱく質の摂取に。フルーツヨーグルトはビタミンとカルシウム補給に。

1回目

2回目

ブロッコリー ＋ マカロニ ＋ えび

えびとブロッコリーの ショートパスタ

材料と作り方

1 耐熱ボウルにブロッコリーフリージング（P108）、マカロニフリージング（P105）、えびフリージング（P106）各1個、水大さじ1を入れ、ふんわりとラップをして電子レンジで2分～2分30秒加熱し、沸騰させる。

2 1にホワイトソース（BF／粉末）、バター少量を加え、よく混ぜながら冷ます。

 きのこ **きのこのミルクスープ**

材料と作り方

1 耐熱ボウルにきのこミックスフリージング（P107）1個、牛乳50ml、鶏がらスープの素小さじ⅓を入れ、ふんわりとラップをして電子レンジで1分30秒～2分加熱する。

2 1にとろみのもと（BF／粉末）適量を加え、よく混ぜながら冷ます。

3回目

×2　軟飯

材料と作り方
耐熱ボウルに軟飯フリージング（P105）2個、水大さじ½を入れ、ふんわりとラップをして電子レンジで3分〜3分30秒加熱し、よく混ぜながら冷ます。

　やわらか豚汁

材料と作り方
1　豚ロースしゃぶしゃぶ用肉15〜20gは脂を取り除き、1cm幅に切る。油揚げ⅙枚は油抜きして短冊切りにする。
2　耐熱ボウルに1、和風ミックス野菜①フリージング（P107）1個、みそ小さじ¼、水大さじ1を入れ、ふんわりとラップをして電子レンジで2分〜2分30秒加熱し、沸騰させる。
3　2をよく混ぜながら冷ます。

さば　さばのカレー炒め

材料と作り方
1　耐熱ボウルにさばフリージング（P106）1個を入れ、ふんわりとラップをして電子レンジで1分〜1分30秒加熱する。
2　1に子ども用カレールウ小さじ½を加え、和える。

青菜　青菜のおかか和え

材料と作り方
1　耐熱ボウルに青菜フリージング（P108）1個を入れ、ふんわりとラップをして電子レンジで1分〜1分30秒ほど加熱し、沸騰させる。
2　1にかつお節大さじ1、しょうゆ小さじ⅓を加えてよく混ぜながら、冷ます。

アボカド

Tue. 生野菜や果物も添えてフレッシュな味も味わって

1回目

アボカドとバナナの シリアル

材料と作り方

1 耐熱ボウルにアボカドフリージング（P108）1個を入れ、ふんわりとラップをして電子レンジで加熱して解凍し、粗熱をとる。

2 器にコーンシリアル（無糖）大さじ3、1、プレーンヨーグルト10g、輪切りにしたバナナ½本分（50g）を入れて混ぜる。

ミニトマト

2個（4つにカット）

牛乳　1杯（50ml）

memo

アボカドとバナナは食物繊維が豊富で栄養価も高いので、朝食にぴったり。ヨーグルトとシリアルと合わせていただきます。ミニトマトは小さく切って与えましょう。

2回目

きのこ ＋ 軟飯 ×2

きのこのハヤシライス

材料と作り方

1 牛赤身薄切り肉15〜20gは脂を取り除き、1cm幅に切り、片栗粉適量をまぶす。

2 耐熱ボウルに1、きのこミックスフリージング（P107）1個、トマトケチャップ大さじ½、バター小さじ½を入れ、ふんわりとラップをして電子レンジで2分〜2分30秒加熱し、沸騰させる。

3 2をよく混ぜながら冷まし、温めた軟飯フリージング（P105）2個と一緒に器に盛る。

きゅうり

材料と作り方

きゅうり⅓本は皮をむき、棒状に切る。

memo

ハヤシライスは牛肉に片栗粉をまぶすので、自然にとろみがつきます。スプーンを使って食べる練習にも最適。きゅうりは手づかみ食べできる長さに切りましょう。

112

3回目

 ×2 **軟飯**　作り方➡P111

🧊洋風ミックス野菜① **鮭のクリームシチュー**

材料と作り方

1 鮭15〜20gはペーパータオルで包み、余分な水分を拭き取り、3等分に切り、薄力粉少々を薄くまぶす。

2 耐熱ボウルに洋風ミックス野菜①フリージング（P107）1個、1、水大さじ2を入れ、ふんわりとラップをして電子レンジで2分〜2分30秒加熱し、沸騰させる。

3 2にホワイトソース（BF／粉末）2本を加えてよく混ぜながら、冷ます。

みかん　6粒（薄皮はむく）

ミックス野菜は
肉や魚を加えても

本書では、ミックス野菜、ミックスきのこのみでのフリージングをいろいろ紹介していますが、ゆでて粗熱をとった肉や魚1食分と一緒に小分け冷凍しておくとさらに便利。クセの少ない鶏ささみや豚肉、生鮭やかじきまぐろなどがおすすめです。シチューやスープの具にしたり、そのまま炒めたりすれば、あっという間にたんぱく質とビタミン・ミネラル満点の一皿のできあがり。最初から作ると手間がかかるおかずも、フリージングなら手軽で簡単です。

軟飯 ×2＋ きくらげ

しらすおにぎり

作り方➡P137の4個分

やわらか豚汁

作り方➡P111

memo

具だくさんの汁物なら、合わせるものは
おにぎりで十分。きくらげを加えて食感
にアクセントを。3回分をまとめて作っ
ておけば、食べるときにレンチンするだ
けだから忙しいときにあると助かりま
す。

①回目

②回目

和風ミックス野菜① ＋ 軟飯 ×2

クッパ

材料と作り方

1. 豚ロース薄切り肉15gは脂を取り除き、細かく
   切る。

2. 耐熱ボウルに和風ミックス野菜①フリージン
   グ(P107)1個、軟飯フリージング(P105)2
   個、1、鶏がらスープの素小さじ¼、水大さじ2
   を入れ、ふんわりとラップをして電子レンジで2
   分〜2分30秒加熱し、沸騰させる。

3. 2をよく混ぜながら冷ます。

スティックりんご

材料と作り方

りんご⅙個は皮をむき、棒状に切る。

memo

豚肉と和風ミックス野菜、軟飯、鶏がらスープの素
を耐熱ボウルに入れてレンチンするだけで栄養満点
の一品に。より本格的な味にしたいときは、少量の
しょうゆとごま油をたらしても。

③回目

 ＋ マカロニ ＋ えび

シーフードグラタン

材料と作り方

1 耐熱ボウルに洋風ミックス野菜①フリージング（P107）、マカロニフリージング（P105）、えびフリージング（P106）各1個を入れ、ふんわりとラップをして電子レンジで2分〜2分30秒加熱し、沸騰させる。

2 1にホワイトソース（BF／粉末）2本を加えてよく混ぜたら耐熱容器に移し、パン粉小さじ½を散らしてオーブントースターでうっすらこげ目がつくまで焼く。

 ## ブロッコリーと卵のサラダ

材料と作り方

1 耐熱ボウルにブロッコリーフリージング（P108）1個を入れ、ふんわりとラップをして電子レンジで1分〜1分30秒加熱し、沸騰させ、冷ます。

2 1にゆで卵⅓個（20g）、マヨネーズ小さじ½、プレーンヨーグルト小さじ1を加え、卵をくずしながらよく混ぜる。

memo
BFを常備して上手に活用

グラタンやシチューなどメニューには BF のホワイトソースが便利。他にも、野菜スープのもとなどいろいろあるから、常備しておくと何かと使えるのでおすすめです。

スティックトースト

材料と作り方

食パン(6枚切り)½枚は耳を切り落としてから、4等分に切り、オーブントースターでこんがり焼く。

ふわふわオムレツ

材料と作り方

1 ボウルに溶き卵⅔個分、マヨネーズ大さじ½を入れてよく混ぜる。
2 フライパンにサラダ油小さじ½を熱し、1を流し入れ、オムレツの形に焼く。

 青菜 青菜の炒め

材料と作り方

1 青菜フリージング(P108)1個は電子レンジで加熱し、解凍する。
2 フライパンにオリーブ油小さじ½を熱し、1を炒め、塩小さじ¼を加えてよく混ぜる。

牛乳 1杯(50ml)

1回目

2回目

 ブロッコリー + 軟飯 ×2 + えび

えびピラフ

材料と作り方

1 耐熱ボウルにブロッコリーフリージング(P108)1個、軟飯フリージング(P105)2個、えびフリージング(P106)1個を入れ、ふんわりとラップをして電子レンジで2分〜2分30秒加熱し、沸騰させる。
2 1に洋風だし(BF/粉末)½袋、バター3gを加え、よく混ぜながら冷ます。

 洋風ミックス野菜① 野菜スープ

材料と作り方

耐熱ボウルに洋風ミックス野菜①フリージング(P107)1個、鶏がらスープの素小さじ½、水大さじ3を入れ、ふんわりとラップをして電子レンジで1分30秒〜2分加熱し、沸騰させる。

３回目

やわらか野菜サラダ

材料と作り方

1 グリーンリーフ½枚を5mm幅に切り、塩少量とオリーブ油小さじ⅓で軽く和え、しんなりさせる。

2 器に1を盛り、ミニトマト1個を4等分に切ってのせる。

memo

大人と同じようなものが食べられるようになったとはいえ、塩分には気をつけましょう。少量のマヨネーズとヨーグルトを合わせたドレッシングもおすすめ。

×2 **軟飯** 作り方➡P111

きのこたっぷり
焼きポテトコロッケ

材料と作り方

1 耐熱ボウルにきのこミックスフリージング（P107）1個を入れ、ふんわりとラップをして電子レンジで1分30秒〜2分加熱し、沸騰させる。熱いうちに豚ひき肉15g、乾燥マッシュポテト（市販）大さじ1、塩小さじ⅛を加え、よく混ぜる。

2 1をふんわりとラップをして電子レンジで1分〜1分30秒加熱し、沸騰させたら粗熱をとる。

3 2をひと口大に丸め（フォローアップミルク適量を加えて、鉄の強化をしても）、パン粉適量をまぶし、オーブントースターで焼き色がつくまで焼く。

フルーツシリアル

１回目

材料と作り方

1. 耐熱ボウルに牛乳50mlを入れ、ラップをせずに電子レンジで30秒〜1分加熱して沸騰させ、冷ます。バナナ½本は輪切りにし、りんご⅛個は7mm角に切る。
2. 器に1、コーンシリアル（無糖）大さじ3を入れ、混ぜる。

ブロッコリー

ブロッコリーと卵のサラダ

作り方➡P115

memo

シリアルはこの時期におすすめの食材。牛乳でしっとりさせて与えましょう。緑黄色野菜と卵のサラダを添えてバランスよく、ヨーグルトでカルシウム補給も。マヨネーズは少なめが◎。

２回目

軟飯 ×2＋ アボカド

タコライス風ごはん

材料と作り方

1. 耐熱ボウルに軟飯フリージング（P105）2個を入れ、ふんわりとラップをして電子レンジで2分〜2分30秒加熱する。熱いうちにアボカドフリージング（P108）1個をのせ、解凍させる。
2. ボウルに牛そぼろ（下記参照）20g、輪切りにしたきゅうり15g、1のアボカド、トマトケチャップ大さじ½を入れて混ぜる。
3. 器に1の軟飯を盛り、2をかける。

牛そぼろの材料と作り方

フッ素樹脂加工のフライパンで牛ひき肉20gを炒め、しょうゆ、砂糖各小さじ⅓、水小さじ½を加えて水分を飛ばすように炒めたら、冷ます。

みかん 6粒（薄皮はむく）

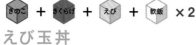 ＋ きくらげ ＋ えび ＋ 軟飯 ×2

えび玉丼

材料と作り方
1. 耐熱ボウルにきのこミックスフリージング（P107）、きくらげフリージング（P108）、えびフリージング（P106）各1個、鶏がらスープの素小さじ¼、水大さじ1を入れる。ふんわりとラップをして電子レンジで2分～2分30秒加熱し、沸騰させ、よく混ぜたら、溶き卵½個分を加えて混ぜる。
2. フライパンにサラダ油少量を熱し、1を入れて焼く。
3. 耐熱ボウルに軟飯フリージング（P105）2個を入れ、ふんわりとラップをして電子レンジで2分～2分30秒加熱して器に盛る。
4. 3に2をのせ、トマトケチャップ少量をつける。

ブロッコリーの中華スープ

材料と作り方
1. 耐熱ボウルにブロッコリーフリージング（P108）1個、粗みじん切りにした玉ねぎ20g、鶏ひき肉15～20g、戻して2～3cm幅に切った春雨30g、絹ごし豆腐30g、塩小さじ¼、水大さじ2を入れ、ふんわりとラップをして電子レンジで1分30秒～2分加熱し、沸騰させる。
2. 1をよく混ぜながら冷ます。

memo
えび玉丼と鶏ひき肉と豆腐が入った春雨スープは、うまみたっぷりで赤ちゃんにも喜ばれます。大人も同じ献立にして取り分けて作ってもOK。

おすすめ! 1週間 フリージング食材

part 2

少し手の込んだミートボールやえびボール、ミックス野菜を仕込んでおけば
いろんなメニューが自由自在に作れます。基本はレンチンだから本当に簡単!

炭水化物は2種類!

マカロニ
作り方➡P105

軟飯
作り方➡P105

---

memo
つみれやミックスボールのたねは 生のまま冷凍してもOK

つみれ(P109)やミートボール・え
びボール(P121)はレンジ加熱をし
て、十分に冷ましてから冷凍するのも
手軽ですが、生のまま冷凍するのもお
すすめ。全体がしっかり混ざるまで撹
拌したミックスボールのたねを冷凍用

保存袋に入れて平たく伸ばし、密閉し
て冷凍を。その場合も1回分ずつす
じ目をつけておくと便利。使う分だけ
取り出し、成形して焼く、煮るなどの
調理をしましょう。離乳食だけでなく、
大人の料理への活用度も◎です。

たんぱく質は4種類！

ミートボール

ミートボール 11/31

21個分

＼ フープロで！ ／

フードプロセッサーに豚ひき肉140g、玉ねぎ（みじん切り）大さじ1、パン粉大さじ3、トマトケチャップ大さじ½、水大さじ1を入れる。全体がしっかり混ざるまで撹拌する。

→ ＼ レンチンで！ ／

21等分にして平たく丸め、クッキングシートを敷いた耐熱皿に並べる。クッキングシートを持ち上げて下に水大さじ2を入れ、ふんわりとラップをして電子レンジで2分30秒加熱する。ラップをしたまま2分ほどおき、ラップを外して冷ます。

→ フリージング！ クッキングシートを敷いたトレイに並べ、ラップをしっかりして冷凍する。固まったら保存容器から出し、冷凍用保存袋に入れ、冷凍保存する。

えびボール

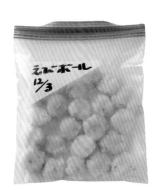

えびボール 12/3

23個分

＼ フープロで！ ／

フードプロセッサーにえび、白身魚各70g、軟飯（P105）大さじ4、長ねぎ（輪切り）5cm分、片栗粉大さじ1を入れる。その際、えびは殻、尾、背わたを取り除き、白身魚は小さく切って入れる。全体が細かく刻まれ、なめらかになるまで撹拌する。

→ ＼ レンチンで！ ／

23等分にして平たく丸め、クッキングシートを敷いた耐熱皿に並べる。クッキングシートを持ち上げて下に水大さじ2を入れ、ふんわりとラップをし、電子レンジで2分30秒加熱する。ラップをしたまま2分ほどおき、ラップを外して冷ます。

→ フリージング！ クッキングシートを敷いたトレイに並べ、ラップをしっかりして冷凍する。固まったら、冷凍用保存袋に入れ、冷凍保存する。

6個分

＼ 油抜きして切る ／

油揚げ140gは熱湯をかけて油抜きし、しっかりと水けを拭き取り、1cm角に切る。

→ フリージング！

20〜25gずつ製氷皿に入れて冷凍する。固まったら製氷皿から出し、冷凍用保存袋に入れ、冷凍保存する。

厚揚げ

厚揚げ

6回分

＼ 切って湯通し ／

皮なしソーセージ110gは5mm幅の輪切りにし、湯通しする。

→ フリージング！

クッキングシートを敷いたトレイに並べて冷凍する。凍ったら、バラバラにして冷凍用保存袋に入れ、冷凍保存する。

ソーセージ

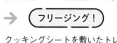

½ ソーセージ

ミックス野菜は2種類！

和風
ミックス野菜②

6個分

\ 切る /

小松菜 70g の茎は 1cm 幅、葉は 2cm 幅のざく切りにする。長ねぎ 70g の白い部分は 1cm 幅の輪切りにする。じゃがいも 70g は皮をむいて 1cm 角に切り、さやいんげん 70g は上下を切り落として 1cm 幅に切る。耐熱ボウルに入れる。

↓

\ レンチンで！ /

耐熱ボウルにひたひたの水を入れ、クッキングシートで落としぶたをし、ふんわりとラップをして電子レンジで 8 分加熱し、そのまま 2 分ほどおく。

【 フリージング！ 】

保存容器に 40〜50g ずつ入れ、ひたひたのゆで汁を加え（冷凍してパサパサにならないようにじゃがいもは軽くつぶすとよい）、冷凍する。固まったら保存容器から出し、冷凍用保存袋に入れ、冷凍保存する。

洋風
ミックス野菜②

6個分

\ 切る /

キャベツ 70g は芯を取って 2cm 幅のざく切りにし、玉ねぎ 70g は皮をむいて 2cm 幅に切る。トマト、じゃがいも各 70g は皮をむいて 1cm 幅の乱切りにする。トマト以外を耐熱ボウルに入れる。

↓

\ レンチンで！ /

耐熱ボウルにひたひたの水を加え、クッキングシートで落としぶたをし、ふんわりとラップをして電子レンジで 8 分加熱する。

↓

\ 混ぜる /

そのまま 2 分ほどおいてから、トマトを加え、混ぜる。

【 フリージング！ 】

保存容器に 40〜50g ずつ入れ、ひたひたのゆで汁を加え、冷凍する。固まったら保存容器から出し、冷凍用保存袋に入れ、冷凍保存する。

野菜は5種類！

たけのこ

8個分

\ 切る /

たけのこの穂先（水煮）110gを縦半分に切り、縦2mm幅の薄切りにする。

↓

\ レンチンで！ /

耐熱ボウルに入れ、野菜だし（BF/粉末）小さじ1、ひたひたの水を加え、ふんわりとラップをして電子レンジで3分加熱し、そのまま2分ほどおく。

→ フリージング！

保存容器にゆで汁と一緒に15gずつ入れ、冷凍する。固まったら保存容器から出し、冷凍用保存袋に入れ、冷凍保存する。

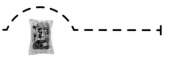

干ししいたけ

9個分

\ 戻して切る /

干ししいたけ（水で戻したもの）110gは粗みじん切りにする。

↓

\ レンチンで！ /

耐熱ボウルに入れ、ひたひたの水を加える。ふんわりとラップをして電子レンジで3分加熱する。

→ フリージング！

保存容器にゆで汁と一緒に15gずつ入れ、冷凍する。固まったら保存容器から出し、冷凍用保存袋に入れ、冷凍保存する。

ごぼう

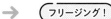

8個分

\ 切ってレンチン /

ごぼう110gは皮をこそげ取り、水を1回変えて10分ほど水にさらしてアク抜きし、耐熱ボウルに入れる。野菜だし（BF/粉末）小さじ1、ひたひたの水を加え、ふんわりとラップをして電子レンジで5分加熱し、そのまま2分ほどおく。

→ フリージング！

保存容器にゆで汁と一緒に15gずつ入れ、冷凍する。固まったら保存容器から出し、冷凍用保存袋に入れ、冷凍保存する。

れんこん

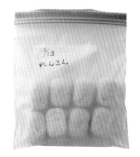

8個分

\ 切ってレンチン /

れんこん110gは皮をむいて粗みじん切りにし、水にさらしてアク抜きし、耐熱ボウルに入れる。野菜だし（BF/粉末）小さじ1、ひたひたの水を加え、ふんわりとラップをして電子レンジで5分加熱し、そのまま2分ほどおく。

→ フリージング！

保存容器にゆで汁と一緒に15gずつ入れ、冷凍する。固まったら保存容器から出し、冷凍用保存袋に入れ、冷凍保存する。

にんじん

8個分

\ 切ってレンチン /

にんじん140gは皮をむき、5mm角の棒状に切る。耐熱ボウルに入れ、野菜だし（BF/粉末）小さじ1、ひたひたの水を加え、ふんわりとラップをして電子レンジで5分加熱し、そのまま2分ほどおく。

→ フリージング！

保存容器にゆで汁と一緒に20gずつ入れ、冷凍する。固まったら保存容器から出し、冷凍用保存袋に入れ、冷凍保存する。

Mon. 根菜など噛み応えのある食材をとり入れた献立

 キャロットフレンチトースト （1回目）

材料と作り方
1 耐熱ボウルににんじんフリージング（P123）1個を入れ、ふんわりとラップをして電子レンジで1分加熱し、キッチンばさみで細かく切る。食パン（6枚切り）⅔枚は耳を切り落として6等分に切る。
2 バットに溶き卵½個分、牛乳40ml、砂糖小さじ½を入れてよく混ぜ、1を加えて10分ほど浸す。
3 フライパンにバター小さじ1を弱火で熱し、2の食パンを入れて焼き、上ににんじんを均等にのせる。うっすら焼き色がついたらひっくり返し、蓋をして3分ほど焼く。

  ×3

ミネストローネ

材料と作り方
1 ハム1½枚は1cm四方に切り、湯通しする。
2 耐熱ボウルに洋風ミックス野菜②フリージング（P122）1個、マカロニフリージング（P105）½個、1、うまみだしフリージング（P23）3個、塩小さじ⅓を入れ、ふんわりとラップをして電子レンジで2～3分加熱し、沸騰させる。
3 2をよく混ぜながら冷ます。

カットりんご

材料と作り方 りんご⅛は皮をむき、食べやすく切る。

（2回目） + + + + ×2

ちらし寿司風

材料と作り方
1 耐熱ボウルににんじんフリージング（P123）、干ししいたけフリージング（P123）、厚揚げフリージング（P121）、和風だしフリージング（P23）各1個、しょうゆ、砂糖各小さじ¼を入れ、ふんわりとラップをして電子レンジで2分～2分30秒加熱し、沸騰させる。にんじんは1cm幅に切る。
2 別の耐熱容器に軟飯フリージング（P105）2個を入れ、ふんわりとラップをして電子レンジで2分～2分30秒加熱する。
3 器に1、2を入れ、よく混ぜながら冷やす。

 しらすの卵焼き

材料と作り方
1 耐熱ボウルに和風だしフリージング（P23）1個を入れ、ふんわりとラップをして電子レンジで1分加熱する。
2 1の粗熱がとれたら溶き卵½個分、熱湯を回しかけたしらす5gを加えてよく混ぜる。
3 フライパンにサラダ油小さじ1を中火で熱し、2を流し入れる。ゆるめのスクランブルエッグ状にして端から巻き、弱火にして両面1分ずつしっかりと焼く。
4 3を食べやすい大きさに切る。

③回目

 ×2 **軟飯** 作り方➡P111

 れんこんの和風つくね

材料と作り方

1. 耐熱ボウルにれんこんフリージング（P123）1個、玉ねぎ（みじん切り）小さじ1を入れ、ふんわりとラップをして、電子レンジで1分30秒～2分加熱し、沸騰させる。
2. 1に**豚ひき肉15～20g**、片栗粉小さじ1を加えて混ぜ、ひと口大の平たい丸にする。
3. フライパンにサラダ油少量を熱し、2を両面焼き、**しょうゆ、砂糖各小さじ¼**、水小さじ1を加えて絡める。

豆乳クリームスープ

材料と作り方

1. 耐熱ボウルに和風だしフリージング（P23）、和風ミックス野菜②フリージング（P122）各1個、ソーセージフリージング（P121）1回分、豆乳大さじ2を入れ、ふんわりとラップをして電子レンジで2分～2分30秒加熱し、沸騰させる。
2. 1を取り出してすぐに片栗粉小さじ⅓、みそ少々を加え、よくかき混ぜながら冷ます。

memo

豆乳クリームスープは、材料をすべて耐熱ボウルに入れ、チンして豆乳を加えるだけだから、あっという間。みそは入れすぎに注意して。

×2　**ごま納豆ごはん**

材料と作り方

① 耐熱ボウルに軟飯フリージング（P105）2個を入れ、ふんわりとラップをして電子レンジで1分30秒〜2分加熱する。

② 器に1を入れてほぐしながら冷まし、ひきわり納豆15gをのせ、白いりごま少々をかける。

 ＋

ソーセージとれんこん炒め

材料と作り方

① 耐熱ボウルにソーセージフリージング（P121）1回分、れんこんフリージング（P123）1個、中濃ソース小さじ⅓を入れ、ふんわりとラップをして電子レンジで2分〜2分30秒加熱し、沸騰させる。

② 1をよく混ぜながら冷ます。

 ×3　**レタスのスープ**

材料と作り方

① 耐熱ボウルに和風だしフリージング（P23）3個を入れ、ふんわりとラップをして電子レンジで1分30秒〜2分加熱する。

② 1に粗みじんぎりにしたレタス10gを加え、さらに1分〜1分30秒加熱し、沸騰させる。

③ 2にしょうゆを加え、よく混ぜながら冷ます。

1回目

2回目

 ×2　**にんじんのチヂミ**

材料と作り方

① ハム1枚は1cm四方に切り、湯通しする。

② 耐熱ボウルににんじんフリージング（P123）2個、1を入れ、ふんわりとラップをして電子レンジで1分30秒〜2分加熱し、沸騰させ、冷ます。

③ 別のボウルに片栗粉大さじ½、薄力粉大さじ1を入れてよく混ぜ、2を汁ごと加えて混ぜる。

④ フライパンにサラダ油少量を熱し、3を入れて両面焼く。食べやすい大きさに切り、しょうゆ少々をたらす。

 ＋ 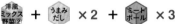 ×2 ＋ ×3

ミートボールのスープ

材料と作り方

① 耐熱ボウルに洋風ミックス野菜②フリージング（P122）1個、うまみだしフリージング（P23）2個、ミートボールフリージング（P121）3個、トマトケチャップ小さじ1を入れ、ふんわりとラップをして電子レンジで2分30秒〜3分加熱し、沸騰させる。

② 1をよく混ぜながら冷ます。

バナナヨーグルト

材料と作り方

器にプレーンヨーグルト大さじ2を入れ、バナナ（1cm幅）3枚をのせる。

③回目

 ＋ ×2

チャーハン

材料と作り方

1. 耐熱ボウルに干ししいたけフリージング（P123）、にんじんフリージング（P123）各1個、軟飯フリージング（P105）2個を入れ、ふんわりとラップをして電子レンジで2分〜2分30秒加熱する。
2. 1に豚ひき肉10gを加えて混ぜ、さらに1分30秒〜2分加熱する。
3. 2にしょうゆ少々を加え、混ぜながら冷ます。

和風ミックス野菜② ＋ えび ×3

えびボールの中華あんかけ

材料と作り方

1. 耐熱ボウルに和風ミックス野菜②フリージング（P122）1個、えびボールフリージング（P121）3個、鶏がらスープの素小さじ¼、水大さじ1を入れ、ふんわりとラップをして電子レンジで2分〜2分30秒加熱し、沸騰させる。
2. 片栗粉小さじ⅓を水小さじ1で溶いて1に加え、よく混ぜながら冷ます。

和風だし ×2

めかぶのとろとろスープ

材料と作り方

1. 耐熱ボウルに刻んだめかぶ大さじ1、万能ねぎ（小口切り）5g、和風だしフリージング（P23）2個を入れ、ふんわりとラップをして電子レンジで2分〜2分30秒加熱し、沸騰させる。
2. 1にしょうゆ少々を加え、混ぜながら冷ます。

- -

memo

青菜の和風ミックス野菜は中華風のあんかけに。えびボールの他にミートボール（P121）でもおいしく作れます。とろみは片栗粉で。

Wed. | 手づかみ食べ&噛み応えのあるおかずに

バナナシリアル
ヨーグルト

材料と作り方

1. 器に牛乳大さじ2を入れ、ラップをせずに電子レンジで30秒加熱する。
2. 1にコーンシリアル(無糖)大さじ3、バナナ(1cm幅)3枚、プレーンヨーグルト大さじ2を加える。

 + ×2

トマトと
ソーセージのスープ

材料と作り方

1. 耐熱ボウルに1cm角に切ったトマト20g、ソーセージフリージング(P121)1回分、うまみだしフリージング(P23)2個を入れ、ふんわりとラップをして電子レンジで2分~2分30秒加熱し、沸騰させる。
2. 1に塩少々加え、よく混ぜながら冷ます。

 ×2 +

ごぼうと鶏肉のそぼろごはん

材料と作り方

1. 耐熱ボウルに軟飯フリージング(P105)2個を入れ、ふんわりとラップをして電子レンジで1分30秒~2分加熱する。器に入れてほぐしながら冷ます。
2. 鶏もも肉15~20gは皮と脂を取り除き、細かく切る。
3. 別の耐熱ボウルに2、ごぼうフリージング(P123)1個、しょうゆ、砂糖各小さじ¼、水大さじ1を入れ、ふんわりとラップをして電子レンジで2分~2分30秒加熱し、沸騰させる。
4. 3をよく混ぜながら冷まし、1にのせる。

 にんじんのバターソテー

材料と作り方

1. 耐熱ボウルににんじんフリージング(P123)1個、バター小さじ½を入れ、ふんわりとラップをして電子レンジで1分30秒~2分加熱する。
2. 1を混ぜながら冷ます。

完了期

1才〜1才半 頃

献立カレンダー

3回目

 ×2 **軟飯** 作り方➡P111

 ×3 **焼き鳥風ミートボール**

材料と作り方

1 耐熱ボウルにミートボールフリージング（P121）3個、1cm角に切ったピーマン⅓個、水小さじ½、しょうゆ、砂糖各少々を入れ、ふんわりとラップをして電子レンジで1分30秒〜2分加熱する。

2 1をよく混ぜながら冷ます。

厚揚げと根菜の炒め煮

材料と作り方

1 耐熱ボウルに厚揚げフリージング（P121）、ごぼうフリージング（P123）、れんこんフリージング（P123）、和風だしフリージング（P23）各1個、しょうゆ小さじ½を入れ、ふんわりとラップをして電子レンジで2分〜2分30秒加熱し、沸騰させる。

2 1をよく混ぜながら冷ます。

---

memo

ごぼう、れんこんの根菜の組み合わせは、しっかりと噛む練習になるので、意識してとり入れたいメニューです。

Thu. 今どきの人気のメニューもとり入れると楽しい

 ×2 1回目

キンパ

材料と作り方

1 耐熱ボウルにソーセージフリージング（P121）1回分、にんじんフリージング（P123）1個、軟飯フリージング（P105）2個を入れ、ふんわりとラップをして電子レンジで2分〜2分30秒加熱し、よく混ぜて冷ます。

2 焼きのり½枚に1をのせてのり巻きのように巻き、食べやすい大きさに切る。

 ×3

野菜卵スープ

材料と作り方

1 耐熱ボウルに洋風ミックス野菜②フリージング（P122）1個、和風だしフリージング（P23）3個を入れ、ふんわりとラップをして電子レンジで2分〜2分30秒加熱し、沸騰させる。

2 1に溶き卵大さじ1を回し入れ、さらに1分30秒〜2分加熱し、よく混ぜながら冷ます。

2回目

チーズごぼうマカロニ

材料と作り方

1 耐熱ボウルにマカロニフリージング（P105）、ごぼうフリージング（P123）各1個を入れて牛乳大さじ1を回しかけ、ふんわりとラップをして電子レンジで2分〜2分30秒加熱する。

2 1にピザ用チーズ小さじ1を加えてよく混ぜ、さらに30秒加熱する。

3 2をよく混ぜながら冷ます。

 ×3

煮込みハンバーグ

材料と作り方

1 耐熱ボウルに洋風ミックス野菜②フリージング（P122）1個、ミートボールフリージング（P121）3個、トマトケチャップ小さじ⅓、中濃ソース小さじ¼を入れ、ふんわりとラップをして電子レンジで2分〜2分30秒加熱し、沸騰させる。

2 1をよく混ぜながら冷ます。

軟飯 ×2 **軟飯** 作り方➡P111

白身魚の和風あんかけ

材料と作り方

1. 白身魚15〜20gはペーパータオルで包み、余分な水分を拭き取り、小さく切り、片栗粉少々をまぶす。
2. 耐熱ボウルに1、和風ミックス野菜②フリージング（P122）1個、しょうゆ小さじ⅓、片栗粉少々、水大さじ1を入れ、ふんわりとラップをして電子レンジで1分30秒〜2分加熱し、沸騰させる。
3. 2をよく混ぜながら冷ます。

- - - - - - - - - - - - - - - - -

memo

青菜をメインに組み合わせた和風野菜ミックスは、炒め物、あんかけの具、チャーハンの具にぴったりです。ここでは白身魚と組み合わせたあんかけのおかずに。

和風だし ×3 ＋ **にんじん** ＋ **れんこん**

豚汁

材料と作り方

1. 耐熱ボウルに和風だしフリージング（P23）3個、にんじんフリージング（P123）、れんこんフリージング（P123）各1個入れ、ふんわりとラップをして電子レンジで2分〜2分30秒加熱する。
2. 1に豚ひき肉20g、みそ小さじ⅓を加えてよく混ぜ、さらに1分30秒〜2分加熱し、沸騰させる。
3. 2のにんじんをキッチンばさみで粗めに切り、よく混ぜながら冷ます。

- - - - - - - - - - - - - - - - -

Fri. とり入れにくい根菜をさまざまなメニューに！

×2

ごましらすごはん

材料と作り方

1. 耐熱ボウルに軟飯フリージング（P105）2個を入れ、ふんわりとラップをして電子レンジで2分〜2分30秒加熱し、器に入れてほぐしながら冷ます。
2. 1に熱湯かけたしらす10g、白いりごま少々をのせる。

×3

かきたまスープ

材料と作り方

1. 耐熱ボウルににんじんフリージング（P123）、干ししいたけフリージング（P123）各1個、和風だしフリージング（P23）3個を入れ、ふんわりとラップをして電子レンジで2分〜2分30秒加熱する。
2. 1に溶き卵大さじ1を加え、さらに1分30秒加熱し、沸騰させる。
3. 2にしょうゆ小さじ⅓を加え、よく混ぜながら冷ます。

1回目

2回目

パングラタン

材料と作り方

1. 食パン（6枚切り）¾枚は耳を切り落として6等分に切り、耐熱容器に並べる。
2. ボウルに溶き卵½個分、牛乳40ml、砂糖小さじ⅓を入れて混ぜ、1に加えてふんわりとラップをし、電子レンジで1分30秒〜2分加熱し、冷ます。

＋

たけのことごぼうの
スティックバーグ

材料と作り方

1. 耐熱ボウルにたけのこフリージング（P123）、ごぼうフリージング（P123）各1個を入れ、ふんわりとラップをして電子レンジで1分30秒〜2分加熱する。
2. 1に豚ひき肉20g、パン粉大さじ1½を入れよく混ぜ、長めの楕円形に成形する。
3. フライパンにサラダ油小さじ1を中火で熱し、1を入れて片面に焼き色がついたらひっくり返し、蓋をして弱火で2分ほど加熱し、しょうゆ少々をたらす。

ミニトマト　2個（4等分に切る）

132

1才〜1才半頃

献立カレンダー

3回目

軟飯 ×2 **軟飯** 作り方➡P111

ミートボール + 和風ミックス野菜② + 厚揚げ

厚揚げの麻婆

材料と作り方

1. ミートボールフリージング（P121）1個は解凍し、粗く崩す。
2. 耐熱ボウルに1、和風ミックス野菜②フリージング（P122）、厚揚げフリージング（P121）各1個、しょうゆ小さじ⅓、鶏がらスープの素小さじ¼、水大さじ1を入れ、ふんわりとラップをして電子レンジで2分〜2分30秒ほど加熱し、沸騰させる。
3. 片栗粉小さじ⅓は水小さじ1で溶いて2に加え、よく混ぜて冷ます。

マカロニ + ソーセージ + にんじん + たけのこ

マカロニサラダ

材料と作り方

1. 耐熱ボウルにソーセージフリージング（P121）1回分、にんじんフリージング（P123）、たけのこフリージング（P123）各1個、マヨネーズ小さじ½を入れ、ふんわりとラップをして電子レンジで2分〜2分30秒加熱する。
2. 耐熱ボウルにマカロニフリージング（P105）1個を入れ、ふんわりとラップをして電子レンジで1分〜1分30秒加熱する。
3. 1に2の半量、水きりヨーグルト（P143）大さじ1を加えてよく混ぜる。

memo

ミートボールフリージングは、解凍して崩してから加熱すれば、そぼろとして使えるからおすすめ。そのままチンしてごはんにのせてそぼろ丼にしても。

フリージング離乳食バリエ

もっとアレンジ！

大人の食事に近づいてきますが、まだ大人よりも薄味、小さめ、やわらかめが
きほんです。ミックスフリージングなどを使って手軽に作れるメニューをご紹介。

洋風ミックス野菜① ＋ 軟飯 ×2 赤ちゃんチキンカレー

材料
A ┌ 洋風ミックス野菜①フリージング（P107）… 1個
　└ 子供用カレールウ……………………… 小さじ1½
鶏もも肉 ……………………………………… 15〜20g
軟飯フリージング（P105）…………………… 2個

作り方
1. 鶏肉は皮と脂を取り除き、1cm角に切る。
2. 耐熱ボウルに1、A、水大さじ1を入れ、ふんわりとラップをして電子レンジで2分〜2分30秒加熱し、沸騰させ、よく混ぜながら冷ます。
3. 別の耐熱容器に軟飯フリージングを入れてふんわりとラップをして電子レンジで2分〜2分30秒加熱し、冷ます。器に2と一緒に盛る。

洋風ミックス野菜① ＋ きくらげ ＋ 軟飯 ×2 中華丼

材料
A ┌ 洋風ミックス野菜①
　│ フリージング（P107）
　│ ………………………… 1個
　│ きくらげフリージング（P108）
　│ ………………………… 1個
　└ 鶏がらスープの素・小さじ⅓
豚ロース薄切り肉…… 15〜20g
軟飯フリージング（P105）…2個
片栗粉……………………… 適量

＊軟飯の代わりに
中華麺フリージング（P109）1個を
使って中華そばにしてもOK。

作り方
1. 豚肉は脂を取り除き、1cm幅に切り、片栗粉をまぶす。
2. 耐熱ボウルに1、Aを入れ、ふんわりとラップをして電子レンジで2分〜2分30秒加熱し、沸騰させる。よく混ぜながら冷ます。
3. 別の耐熱容器に軟飯フリージングを入れてふんわりとラップをして電子レンジで2分〜2分30秒加熱し、冷ます。器に盛り、2をかける。

さば さばのマヨパン粉焼き

材料
さばフリージング（P106）… 1個
A ┌ バター……………… 小さじ½
　│ パン粉……………… 小さじ2
　└ マヨネーズ ………… 小さじ½

作り方
1. さばフリージングは耐熱ボウルに入れ、ふんわりとラップをして電子レンジで1分〜1分30秒加熱し、解凍する。
2. 別のボウルにAを入れてよく混ぜ、1にのせ、フライパンで両面薄く焼き色がつくまでほど焼く。

 きのこ ＋ マカロニ ＋ ソーセージ **きのこグラタン**

材料

A 「 きのこミックスフリージング（P107）……1個
   マカロニフリージング（P105）………1個
ソーセージフリージング（P121）……1回分
ホワイトソース（BF／粉末）………2個
ピザ用チーズ………………………小さじ1

作り方

1 耐熱ボウルに**A**を入れ、ふんわりとラップをして電子レンジで2分〜2分30秒加熱し、沸騰させ、ホワイトソースを加えて混ぜる。

2 **1**を耐熱皿に入れ、ピザ用チーズをかけ、オーブントースターでチーズが溶けるまで焼く。

 ごぼう ＋ マカロニ

ごぼうとツナの和風パスタ

材料

ごぼうフリージング（P123）……………………… 1個
マカロニフリージング（またはスパゲッティフリージング／P105）
………………………………………………… 1個
ツナ缶……………………………………… 15〜20g
長ねぎ（みじん切り）……………………… 小さじ1
オリーブ油…………………………………… 小さじ⅓

作り方

1 耐熱ボウルに全ての材料を入れ、ふんわりとラップをして電子レンジで1分30秒〜2分加熱し、沸騰させる。

2 **1**をよく混ぜながら冷ます。

memo

マカロニは食べやすい長さなので、やわらかめにゆでてそのまま冷凍しますが、大きすぎるときは小さく刻んでから与えましょう。

 ブロッ コリー ＋ えび ＋ うまみ だし

ブロッコリーと
えびのチリソース風

材料

ブロッコリーフリージング（P108）………………………… 1個
えびフリージング（P106）………………………………… 1個
うまみだしフリージング（P23）………………………… 1個
トマトケチャップ……………………………………… 小さじ1
水溶き片栗粉………………………………………………… 適量

作り方

1 耐熱ボウルに水溶き片栗粉以外の食材を入れ、ふんわりとラップをして電子レンジで2分〜2分30秒加熱し、沸騰させる。

2 **1**に水溶き片栗粉を加え、よく混ぜて冷ます。

memo

水溶き片栗粉は片栗粉：水＝1：1の割合で溶いたものを流し入れてとろみをつけましょう。

ねばねば若竹煮

材料
たけのこフリージング（P123）	1個
オクラ	15g
わかめ（戻したもの）	5g
納豆	½パック
和風だしフリージング（P23）	1個
しょうゆ	小さじ⅓

作り方
1. オクラは塩適量（分量外）で板ずりし、よく洗い、ヘタを切り落として薄い輪切りにする。わかめは粗みじん切りにする。
2. 耐熱ボウルに納豆以外の材料を入れ、ふんわりとラップをして電子レンジで2分～2分30秒加熱し、沸騰させる。
3. 2に納豆を加え、よく混ぜながら冷ます。

えびとれんこんと干ししいたけのだし煮

材料
れんこんフリージング（P123）	1個
干ししいたけフリージング（P123）	1個
えびフリージング（P106）	1個
和風だしフリージング（P23）	1個
しょうゆ	小さじ½

作り方
1. 耐熱ボウルに全ての材料を入れ、ふんわりとラップをして電子レンジで2分～2分30秒加熱し、沸騰させる。
2. 1をよく混ぜながら冷ます。

memo
干ししいたけのうまみをたっぷり染み込ませた中華風煮物。歯応えのあるれんこんとえびは、よく噛んで味わって。とろみをつけて軟飯にかけて中華丼風にしても OK。

治部煮

材料
和風ミックス野菜①フリージング（P107）	1個
鶏もも肉	15～20g
片栗粉	少々
しょうゆ	小さじ⅓

作り方
1. 鶏肉は皮と脂を取り除き、1cm角に切り、片栗粉をまぶす。
2. 耐熱ボウルに全ての材料、水大さじ1を入れ、ふんわりとラップをして電子レンジで2分～2分30秒加熱し、沸騰させる。
3. 2をよく混ぜながら冷ます。

memo
和風ミックス野菜は、にんじん、大根、玉ねぎ、里いもが入っているので、和風の煮物にぴったり。あらかじめ加熱しているので、煮ものも短時間で完成します。

食べるときにレンジでチンするだけ！

冷凍作りおき主食

column

おにぎり、お好み焼き、麺メニューは小分け冷凍が◎。あとは温めるだけでOKだから手軽。

カルシウムが
豊富なしらすは
うまみもたっぷり

しらすおにぎり

材料（3回分）
たけのこ（P123／フリージング前）
‥‥‥‥‥‥‥‥‥‥‥‥‥‥‥‥ 1個分
きくらげ（P108／フリージング前）
‥‥‥‥‥‥‥‥‥‥‥‥‥‥‥‥ 1個分
軟飯（P105／フリージング前）
‥‥‥‥‥‥‥‥‥‥‥‥‥‥‥‥ 6個分
しらす‥‥‥‥‥‥‥‥‥‥‥‥‥ 25g
子供用ふりかけ‥‥‥‥‥‥ 小さじ1

作り方
① ボウルに全ての材料を入れてよ
く混ぜ、ひと口大の丸に12個
にぎる。
② 1を冷凍保存する（P138フリー
ジング！参照）。

刻みのりを使えば、
赤ちゃんでも
噛みやすい！

納豆巻き

材料（3回分）
青菜（P108／フリージング前）
‥‥‥‥‥‥‥‥‥‥‥‥‥‥‥‥ 30g
軟飯（P105／フリージング前）
‥‥‥‥‥‥‥‥‥‥‥‥‥‥‥‥ 6個分
納豆‥‥‥‥‥‥‥‥‥‥‥‥ 1パック
刻みのり‥‥‥‥‥‥‥‥‥‥ ½枚分
白いりごま‥‥‥‥‥‥‥‥‥‥ 少々

作り方
① 巻きすの上にラップを敷き、刻
みのりをまんべんなく広げ、その
上に軟飯を薄く広げる。少量の
たれで和えた納豆、青菜、白い
りごまをのせて巻く。それを3本
作り、5等分に切る。
② 1を冷凍保存する（P138フリー
ジング！参照）。

レンジで簡単♪
チャーハン風
混ぜごはん。

チャーハン風

材料（3回分）
和風ミックス野菜②（P122
／フリージング前）‥‥‥‥‥ 1個分
軟飯（P105／フリージング前）
‥‥‥‥‥‥‥‥‥‥‥‥‥‥‥‥ 6個分
ハム（1cm四方に切る）‥‥‥‥ 10g
しょうゆ‥‥‥‥‥‥‥‥‥‥ 小さじ½
鶏がらスープの素‥‥‥‥‥ 小さじ⅓
溶き卵‥‥‥‥‥‥‥‥‥‥‥ ½個分

作り方
① 耐熱ボウルに卵以外の材料を
入れてよく混ぜたら、溶き卵を加
えてさらによく混ぜる。ふんわり
とラップをして電子レンジで1分
〜1分30秒加熱し、卵に完全
に火を通す。
② 1を冷凍保存する（P138フリー
ジング！参照）。

しらすおにぎりは4個ずつ、納豆巻きは5個ずつ、お好み焼きは1枚ずつラップに包み、冷凍用保存袋に入れて冷凍保存する。

チャーハン、焼きそば、ミートソーススパゲッティは50gずつ6個の保存容器に入れ、冷凍保存する。

ひとロサイズが
うれしい、具だくさん
お好み焼き

お好み焼き

材料（3回分）

豚ロース薄切り肉
（粗めに刻む）……………………50g
和風ミックス野菜①（P107
／フリージング前）…………2個分
A ┌ お好み焼き粉……………80g
　└ 溶き卵…………………1個分
サラダ油…………………………小さじ1

作り方

1 ボウルにAと和風ミックス野菜①を入れてよく混ぜたら、豚肉も加えて混ぜる。

2 フライパンにサラダ油を熱し、1を直径3cmくらいの大きさに入れ、両面しっかり焼いて火を通す。

3 2を冷凍保存する（上記フリージング！参照）。

刻んだ麺で、
赤ちゃんでもパクパク
食べられる

焼きそば

材料（3回分）

和風ミックス野菜②（P122
／フリージング前）…………2個分
中華麺（P109／フリージング前）
………………………………6個分
牛薄切り肉（粗めに刻む）
………………………………60g
A ┌ 中濃ソース・しょうゆ
　└ ………………各小さじ1
サラダ油…………………………大さじ½

作り方

1 フライパンにサラダ油を熱し、牛肉を入れて色が変わるくらいまで炒める。和風ミックス野菜②、中華麺を加えてさらに炒め、Aを加え、全体に味がなじむように炒める。

2 1を冷凍保存する（上記フリージング！参照）。

レンジで加熱して、
混ぜるだけで
とっても簡単

ミートソーススパゲッティ

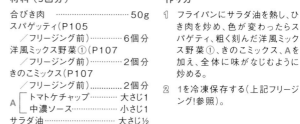

材料（3回分）

合びき肉　……………………50g
スパゲッティ（P105
／フリージング前）…………6個分
洋風ミックス野菜①（P107
／フリージング前）…………2個分
きのこミックス（P107
／フリージング前）…………2個分
A ┌ トマトケチャップ………大さじ1
　└ 中濃ソース……………小さじ1
サラダ油…………………………大さじ½

作り方

1 フライパンにサラダ油を熱し、ひき肉を炒め、色が変わったらスパゲティ、粗く刻んだ洋風ミックス野菜①、きのこミックス、Aを加え、全体に味がなじむように炒める。

2 1を冷凍保存する（上記フリージング！参照）。

具合が悪いときの離乳食

赤ちゃんが体調を崩したときにおすすめの、症状別に回復を早める離乳食をご紹介します。
フリージングしている食材があれば、同量の分量にして使ってもOKですよ。

症状 1 風邪をひいたとき

咳、鼻水、発熱などの症状には、ビタミン類が豊富な離乳食を。

7〜8ヵ月頃 にんじんのおかゆ

材料

10倍がゆ（P29）	大さじ2
にんじん（すりおろし）	大さじ½
にんじんジュース	大さじ½

memo

発熱のときは、水分補給が一番なので、にんじんジュースとにんじんのすりおろしを加えたおかゆで免疫力をアップさせて。

作り方

1. 耐熱ボウルに10倍がゆ、水けをきったにんじん、にんじんジュース、水大さじ2を入れ、ふんわりとラップをして電子レンジで1分〜1分30秒加熱し、沸騰させる。
2. 1をよく混ぜながら冷ます。

9〜11ヵ月頃 かぼちゃ豆腐のとろとろうどん

材料

ゆでたうどん	大さじ2
かぼちゃ（皮は除く）	大さじ1
絹ごし豆腐	大さじ2

memo

風邪のときは、体力を回復させたいので、ビタミンの他にたんぱく質の補給も必要。豆腐は消化のよいたんぱく源です。

材料と作り方

1. 耐熱ボウルに全ての材料、水大さじ1を入れ、ふんわりとラップをして電子レンジで1分〜1分30秒加熱し、沸騰させる。
2. 1をフォークでつぶしながらよく混ぜ、冷ます。

1才〜1才半頃 とろとろバナナパンがゆ

材料

食パン（6枚切り）	½枚
バナナ	¼本
溶き卵	½個分
牛乳	50ml

memo

バナナや卵、牛乳と栄養満点の食材を組み合わせれば、風邪の治りも早くなります。赤ちゃんの様子を見て与えて。

材料と作り方

1. 食パンは耳を切り落として1cm角に切り、バナナも1cm角に切る。
2. 耐熱ボウルに溶き卵、牛乳を入れてよく混ぜ、1を加えてふんわりとラップをして電子レンジで1分〜1分30秒加熱し、沸騰させる。
3. 2をよく混ぜながら冷ます。

病気のとき、5〜6ヵ月頃の
赤ちゃんはどうする?

病気になると胃腸の働きも弱くなるので、食欲低下や下痢・吐き気を伴うことがあります。食欲がないときは、無理せず離乳食をお休みしましょう。ただし、脱水症予防は必要なので、こまめな授乳を行います。

症状
2
下痢・嘔吐のとき
おさまるまでは絶食か、こまめな水分補給をしましょう。

// 中期 //

 7〜8ヵ月頃 | ## お麩とかぼちゃのおじや

材料
10倍がゆ(P29)·········· 2個
かぼちゃ(皮は除く)·········· 10g
麩·········· 2個

memo
吐き気がおさまったら、おじやを少しずつ食べさせながら様子を見ましょう。

作り方
① 麩は手で細かくつぶす。
② 耐熱ボウルに全ての材料、水大さじ1を入れ、ふんわりとラップをして電子レンジで2分〜2分30秒加熱し、フォークでつぶしながらよく混ぜ、冷ます。

// 後期 //

9〜11ヵ月頃 | ## 白身魚と野菜のとろとろスープ

材料
5倍がゆフリージング(P81)·········1個
白身魚(刺身用)·········· 15g
冷凍ほうれん草(すりおろし)········· 5g
野菜だしフリージング(P23)········· 2個

memo
白身魚も消化のよいたんぱく質。ほうれん草とおかゆを一緒に煮込んだおじや風なら、弱った胃腸にもやさしいです。

材料と作り方
① 耐熱ボウルに全ての材料を入れ、2分〜2分30秒加熱し、沸騰させる。
② 1をよく混ぜながら冷ます。

// 完了期 //

 1才〜1才半頃 | ## ささみのポトフ

材料
鶏ささみ·········· 15g
じゃがいも·········· 10g
にんじん·········· 10g
うまみだしフリージング(P23)········· 2個

memo
鶏ささみは消化吸収がよいので、下痢のときに。吐き気が続いているときはたんぱく質は避けてスープのみにします。

材料と作り方
① ささみは7mm角に切る。じゃがいも、にんじんは皮をむいて芽を取り除き、5mm角に切る。
② 耐熱ボウルに1、うまみだしフリージングを入れ、ふんわりとラップをして電子レンジで2分〜2分30秒加熱し、沸騰させる。
③ 2をよく混ぜながら冷ます。

$Q\&A$ **便秘で食欲がないときはどうする?**

お腹のマッサージや、浣腸などで外部から刺激をします。排便を促すには、水分、糖分、脂肪、食物繊維などが必要です。便秘は長引かせないことが大切なので、早めに小児科を受診しましょう。

症状 3 便秘のとき

食物繊維が豊富な食材を使うなど、メニュー内容を工夫して。

7〜8ヵ月頃 バナナとさつまいものスープ

材料
さつまいも ·········· 20g
バナナ ·········· 20g

memo
バナナとさつまいもには食物繊維がたっぷりなので、腸を動かして排便を促します。少し水分を多めにするとさらに◎。

作り方
1 さつまいもは皮を厚めにむき、1cm角に切って水にさらし、アク抜きをする。バナナはすりつぶす。
2 耐熱ボウルに1、水大さじ2を入れ、ふんわりとラップをして電子レンジで1分〜1分30秒加熱し、沸騰させる。
3 2をよく混ぜながら冷ます。

9〜11ヵ月頃 納豆の和風スープパスタ

材料
納豆 ·········· 20g
長ねぎ ·········· 15g
オクラ ·········· 15g
マカロニ(ゆでたもの) ·········· 50g
和風だしフリージング(P23) ·········· 2個
しょうゆ ·········· 小さじ⅓

memo
ねばねば食材のオクラや納豆にも食物繊維がたっぷり。便をすべらせ、便秘を解消します。

材料と作り方
1 長ねぎはみじん切りにし、オクラは薄い輪切りにする。
2 耐熱ボウルに全ての食材、水大さじ1を入れ、ふんわりとラップをして電子レンジで1分30秒〜2分加熱し沸騰させる。
3 2をよく混ぜながら冷ます。

1才〜1才半頃 きのこリゾット

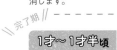

材料
えのきだけ ·········· 15g
長いも ·········· 15g
軟飯フリージング(P105) ·········· 2個
調整豆乳 ·········· 50ml
和風だし(BF／粉末) ·········· 小さじ½
みそ ·········· 小さじ⅓

memo
えのきだけなどのきのこ類やねばねば食材の長いもを組み合わせた便秘解消リゾット。お腹にやさしい一品です。

材料と作り方
1 えのきだけは粗みじん切りにする。長いもはすりおろす。
2 耐熱ボウルに全ての材料を入れ、ふんわりとラップをして電子レンジで1分〜1分30秒加熱し、沸騰させる。
3 2を混ぜながら冷ます。

141

Q&A 夏バテで気をつけることは
ありますか？

できるだけ生活リズムをくずさずに朝型の生活リズムを心
がけます。暑いときは、エアコンなどで温度、湿度を調整
して過ごしやすくしてあげましょう。汗をかいたらこまめ
に着替えたりシャワーなどで皮膚を清潔にします。

症状 **4** # 夏バテのとき

食欲が落ちてしまったら、口当たりがよく栄養のあるものを。

// 中期 //

7〜8ヵ月頃 ## トマトとツナのそうめん

材料

そうめん（ゆで）………………………… 30g
ツナ缶（水煮）…………………………… 15g
トマト……………………………………… 20g

memo

そうめんは短時間でやわらかくなり、消
化もいいから、おすすめです。ツナでた
んぱく質もとり入れて。

作り方

① トマトは皮を湯むきし、ヘタと種を取り除
き、5mm角くらいに切る。

② 耐熱ボウルに刻んだそうめん、湯通しし
たツナを入れ、ふんわりとラップをして電
子レンジで1分〜1分30秒加熱し、沸騰
させ、粗熱をとる。

③ 2にトマトを加えて混ぜ、冷ます。

// 後期 //

9〜11ヵ月頃 ## 春雨卵スープ

材料

溶き卵………………………………… ½個分
パプリカ…………………………………… 20g
レタス……………………………………… 20g
春雨（ゆで）……………………………… 30g

memo

ちゅるちゅる吸いやすい春雨スープは、
食欲のない日にぴったり。卵と野菜を
たっぷり加えれば、栄養バランスも◎で
す。

材料と作り方

① パプリカは皮をむき、7mm角くらいの粗
みじん切りにする。レタスは細切りにす
る。

② 耐熱ボウルに刻んだ春雨、パプリカを加
え、ふんわりとラップをして電子レンジで
40秒〜1分30秒加熱し、沸騰させる。

③ 2に溶き卵を加え、ふんわりとラップをし
て電子レンジで1分〜1分30秒加熱し、
再度沸騰させ、レタスを加えて混ぜる。

 // 完了期 //

1才〜1才半頃 ## サラダうどん

材料

うどん（ゆで）…………………………… 60g
ハム………………………………………… 15g
きゅうり…………………………………… 20g
にんじん…………………………………… 20g
鶏がらスープの素…………………… 小さじ⅓

memo

食欲のないときこそ、冷たい麺がおすす
め。うどんを中華麺に代えて冷やし中華
風にしても。

材料と作り方

① うどんは粗めに刻む。ハム、皮をむいた
きゅうり、にんじんは5mm幅、2cm長さの
拍子木切りにする。

② 耐熱ボウルに1、鶏がらスープの素、水
大さじ2を入れ、ふんわりとラップをして電
子レンジで1分〜1分30秒加熱し、沸騰
させる。

③ 2を混ぜ、冷ます。

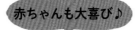

赤ちゃんも大喜び♪

アニバーサリー離乳食

赤ちゃんの記念日「ハーフバースデー」&「1才バースデー」。
かわいい離乳食でとっておきのお祝いを。

◇ 赤ちゃんとママにとっておきのお祝いを ◇

はじめて迎える我が子の記念日。日頃から育児をがんばっている
パパやママ、赤ちゃんの成長をお祝いしてあげましょう。

6ヵ月のお祝いに

カラフル離乳食プレート

白、緑、黄色がカラフルでキュート！赤ちゃんも大喜び！

材料

10倍がゆ（P29）········· 20g
かぼちゃペースト（P30）
······························ 30g
小松菜ペースト
（P31）······················ 15g
とろみのもと（BF／粉末）
······························ 少々

memo

生まれてから6ヵ月を迎えた
記念に。ハーフバースデーが
人気。離乳食の10倍がゆや
野菜のペーストでデコレー
ションを楽しみましょう。

作り方

① かぼちゃペースト、小松菜ペース
トのそれぞれに、とろみのもとを
加える。

② フィン用のセルクルに10倍が
ゆ→かぼちゃペースト→10倍が
ゆを順に入れて重ね、ケーキを
作る。

③ 2のセルクルを外し、器にのせ、
器まわりや、ケーキの上にかぼ
ちゃペーストと小松菜ペーストで
デコレーションする。ジッパーつき
保存袋のSサイズにペースト
を入れて、下の角を少し切り、デ
コレーションしてもよい。

ハーフバースデー

1才のお祝いは

パンケーキプレート

クリームチーズが隠し味。まわりにフルーツをのせてごきげん！

材料

チーズパンケーキ
ホットケーキミックス······ 50g
クリームチーズ ············· 20g
溶き卵····················· ½個分
牛乳 ················· 50〜70ml

デコレーション用
水きりヨーグルト（下記）
······························ 適量
バナナ ······················ ¼本
みかん ······················ 3房
ぶどう ····················· 3〜4個

水きりヨーグルトの作り方

ボウルにザル、ペーパータオ
ルの順に重ね、プレーンヨーグ
ルト適量をのせ、冷蔵庫
に入れて一晩おく。

作り方

① ボウルにチーズパンケーキの材
料を入れて混ぜ、フライパンに
ペーパータオルに含ませたサラ
ダ油適量（分量外）を塗り、パン
ケーキを作る。

② 1をお好みの形の、大と小のサ
イズの型で型抜きし、器に重
ね、水きりヨーグルトでデコレー
ションする。

③ バナナは輪切りにし、みかんは
薄皮をむく。ぶどうは半分に切
り、2のまわりにのせる。

memo

はじめてのバースデーケーキは、手
作りで愛情がいっぱい詰まったパン
ケーキを。二段に重ねて真ん中にロ
ウソクを立てます。

1才バースデー

本書は、弊社刊行の
「まとめて冷凍!→アレンジするだけ! スグでき!
離乳食アイデア BOOK」をもとに
再編集しています。

本書に関するお問い合わせは、
書名・発行日・該当ページを明記の上、
下記のいずれかの方法にてお送りください。
電話でのお問い合わせはお受けしておりません。
・ナツメ社 web サイトの問い合わせフォーム
https://www.natsume.co.jp/contact
・FAX (03-3291-1305)
・郵送（下記、ナツメ出版企画株式会社宛て）
なお、回答までに日にちをいただく場合があります。
正誤のお問い合わせ以外の書籍内容に関する
解説・個別の相談は行っておりません。
あらかじめご了承ください。

1週間まとめて作りおき

かんたん! フリージング離乳食

2021年8月4日　　初版発行

監修者　太田百合子　おおたゆりこ　Ota Yuriko, 2021
発行者　田村正隆
発行所　株式会社ナツメ社
　　　　東京都千代田区神田神保町1-52
　　　　ナツメ社ビル1F（〒101-0051）
　　　　電話　03（3291）1257（代表）
　　　　FAX　03（3291）5761
　　　　振替　00130-1-58661
制　作　ナツメ出版企画株式会社
　　　　東京都千代田区神田神保町1-52
　　　　ナツメ社ビル3F（〒101-0051）
　　　　電話　03（3295）3921（代表）
印刷所　図書印刷株式会社

ISBN978-4-8163-7070-0
Printed in Japan

ナツメ社Webサイト
https://www.natsume.co.jp
書籍の最新情報（正誤情報を含む）は
ナツメ社Webサイトをご覧ください。

監 修

太田百合子　おおたゆりこ　管理栄養士

東京「こどもの城小児保健クリニック」で栄養相談や離乳食
講座などの担当を経て、現在は大学や専門学校の非常勤
講師をはじめ、指導者向け、保護者向け講習会の講師、育
児雑誌や書籍の監修などでも活躍。わかりやすく親しみやす
い、赤ちゃんやママに寄り添った栄養指導に定評がある。著
書は「なんでも食べる子になる1歳、2歳からの偏食解消レシ
ピ」（実業之日本社）、「やさしくわかる月齢別離乳食のきほん
事典」（西東社）などがある。

料 理

上島亜紀　かみしまあき

料理家・フードコーディネーター&スタイリストとして女性誌を
中心に活動し、企業のレシピ監修、提案も行う。パン講師、
食育アドバイザー、ジュニア・アスリートフードマイスター取得。
料理教室「A'sTable」を主宰。著書に「頑張らなくていい
仕込み1分の冷凍作りおき」（ナツメ社）などがある。

STAFF

撮影　　　　　　　　千葉充
デザイン　　　　　　大平千尋（monostore）
編集協力／構成協力　丸山みき（SORA企画）
編集アシスタント　　岩本明子（SORA企画）
イラスト　　　　　　かやぬまゆう／藤井 恵
編集担当　　　　　　遠藤やよい（ナツメ出版企画）